做个受欢迎的人

赵 飞 编著

辽海出版社

图书在版编目（CIP）数据

做个受欢迎的人 / 赵飞编著 . —沈阳：辽海出版
社，2017.10

ISBN 978-7-5451-4443-7

Ⅰ.①做… Ⅱ.①赵… Ⅲ.①心理交往—通俗读物
Ⅳ.① C912.11-49

中国版本图书馆 CIP 数据核字（2017）第 249663 号

做个受欢迎的人

责任编辑：柳海松
责任校对：丁　雁
装帧设计：廖　海
开　　本：630mm×910mm
印　　张：14
字　　数：181 千字
出版时间：2018 年 3 月第 1 版
印刷时间：2018 年 3 月第 1 次印刷

出版者：辽海出版社
印刷者：北京一鑫印务有限责任公司

ISBN 978-7-5451-4443-7　　　　　定　价：68.00 元

序言

在现实的生活中，我们承受着来自方方面面的压力。在职场中，我们需要和同行竞争；在家庭中，需要承担自己的责任。可以说，我们每天都在为生活而奔波。面对这些压力，我们难免会抱怨，抱怨自己的出身，抱怨自己的待遇，抱怨自己的地位。但很少有人会在抱怨之后反省自己，很少有人会在抱怨之后做出改变。

光知道抱怨，不知道改变。这样的结果只能是抱怨过后还是像从前那样工作，完了之后接着抱怨。如此，你将会陷入一个无限循环的漩涡当中，当每天的生活都在抱怨当中度过时，对于你而言，生活就会失去它本来的意义。

"与其抱怨，不如努力"，我们每个人都在抱怨，可我们为什么不去努力呢？努力把自己的日常工作做好，努力让领导重新审视自己，努力让同事肯定自己，努力让自己战胜自己。做到这些，我们还有什么可抱怨的理由呢？

踏入社会，我们每个人都是一张白纸，在这张白纸上如何勾勒，在于每个人的努力程度。如果我们每天抱怨，那么，这张纸上的蓝图不会有我们想象得那么美好，相反，它会表现出来一种死气沉沉，毫无生机。如果我们每天都在努力，那么，这张纸上的蓝图会超出我们的预期，阳光明媚，绿树成荫，一副生机勃勃的样子。

所以说，我们在抱怨的时候，不妨想一想我们当初的目标。我们活着不是为了抱怨，我们活着是为了自己，实现自己的目标，展示自己的价值！

本书就是从这个角度出发，告诉职场中的人们如果想成功，就应该摒弃抱怨。努力工作，未来的成功便会水到渠成！

目　录

第四章　停止抱怨，战胜自己

第五章　抱怨是心病，"忍"字来治愈

第六章　消除了抱怨，你的人气才会高

第一章

抱怨是毒药，
是负面情绪的"导火索"

你是个什么样的人，将在你的世界里造成影响力。如果你一直在抱怨，你正在被毒药渐渐吞噬，马上就会失去自我，抱怨消耗了你的能量，充斥了你的精神生活，让你背负重壳，步履维艰。因为你有抱怨的倾向，你的影响力可能都是负面的。摧毁抱怨的负面行为亟待我们去实现，为所有人设立乐观的典范、打造更美好的世界。

愁肠百结，抱怨是毒药

民间的俚语、成语中有"愁断肠""愁肠百结"的说法。可以想象，一个爱抱怨的人心里难免装满了郁结、愤怒与怨恨，倘若整天淹没在这种心态中，岂能不得病！生活中要想抱怨太容易了。如婆媳关系不好，儿媳完全可以怪婆婆刁，不懂事；婆婆也可怨儿媳又懒又滑没孝心；事业不顺畅，怨领导不鼓励，恨同事不支持；如果这些还不够，那我们还可以抱怨自己命不好，天生的受苦命。抱怨不仅原谅了自己的缺点不足，更损害了自己的身心健康，比如那种愤激型的抱怨，或者捕风捉影，对别人的负面新闻过分关注等。这类人属于"积习难改"的，他们采取的抱怨方式是错误的，并且往往会激怒周围的人。不仅如此，这类人太爱说又不善于倾听，他们往往耗费你好几个小时去听她抱怨，说完后却不接受你的帮助，而且对你的建议只字不理，更有甚者会让你的情绪变得很糟糕。

抱怨是一剂毒药，它严重影响周围的人和事，当大量的抱怨犹如山洪暴发一样汹涌而来时就连周围环境也同样受到牵连。日本有一位博士江本胜，让"水"分别听音乐、读文字、看图片、接受电磁波，给它不同的意念，然后将它冷冻两个小时，通过显微镜观察结晶的水。结果竟然发现，水的结晶会因为听到、看到、收到的信息是好还是坏而起了莫大的变化，有的结出了美丽的花纹，有的却丑陋不堪——就连水，都能感受到施加于自身的意念和情感啊！当然，抱怨所导致的危害还并非仅仅如此，受到抱怨更大伤害的还是人类的精神家园。

有一位白领Lisa，总觉得自己怀才不遇，一遇到麻烦就先抱怨，什么老板不公平啊，同事要无赖啊，自己是替罪羊啊，听者大多出于礼貌表示同情，热心者甚至摩拳擦掌要帮她出头。但是有一次，她又在老板面前滔滔不绝地抱怨另一个同事的无能时，老板拨通了对方的电话，说："Lisa 在我这里，她对你的工作能力有一些看法，我不想变成中间人，而你一定乐于了解你们俩之间存在的问题。"Lisa 登时满脸通红，羞愧难当。老板接着对她说："两种情况下你可以在背后说别人的闲话：一是你在恭维他人；二是那个不在场的人如果现身了，你也可以问心无愧一字不差地重复自己说的话。"

一个简单的道理，抱怨的肆意传播会给你的生活带来很多烦恼，当你抱怨他人的时候，看似已经解脱的你正在给别人制造不必要的伤害，听你抱怨的人会感到身心疲惫，被你抱怨的人也终会知道你在背后的恶言，最后你只能自食其果，它就如一剂毒药，服下之后伤害的是你自己。

有很多事情，必须要做或者已经做了，我们就不要不停地抱怨了，因为抱怨不仅往往于事无补，而且更可能适得其反。

在生活中，在单位，当觉得自己受到不公平待遇的时候，许多缺乏自控力的人，就会立刻表现出不满、愤怒的情绪，甚至暴跳如雷，大骂一通，而这些行为，除了发泄了一下自己的情绪之外，对对方却无丝毫的影响，不仅白白耗费了力气，还可能会引来别人的误会，让自己受到更大的伤害。

中国传统文化中早就有关于"不抱怨"的至理名言，如《商君书》云："王者之兵，胜而无骄，败而不怨。然胜而无骄易，败而不怨难。"你只有不抱怨，才能结交不抱怨的人，因为你把正面的能量传递给周边的人，他们也会回馈给你积极的能量。西方宗教说，你原有的，还要强加给你；你没有的，反而要剥夺过去。中国古语曰：心想事成。当我们关注某一美好事物时，会主动投入更多的精力和能力在其中，而一个充满了快乐、正面能量的人，确实会吸引好的人和事物逐渐涌来。如果你源源不断地向外倾倒垃圾，你所收获的也将是垃圾，想得到什么，只看你怎样去做。

发泄不满，抱怨者的三个心理

遇到不顺心的事情时，抱怨是人们发泄不满情绪的一种方式。然而当下，抱怨却已成为某些人的生活习惯，成为他们对抗现实矛盾的一种手段。喜欢抱怨的人，不但自己不快乐，也经常给周围人带来烦恼和压力。了解爱抱怨者的心理成因，有助于我们理解并与他们相处，帮助他们以更积极的心态面对生活。综合分析抱怨者的心理特质，有这样几个方面：

1. 期望不合理

抱怨最直接的诱因是对现状（包括自己、他人、环境等）不满，也就意味着当事人内心里有一个标准或期望值。有些人总是抱着不切实际的要求，或者不能随着社会环境的发展变化而灵活适应，就会反复受挫，怨言不断。比如，不顾自身条件而坚持用完美的标准挑选结婚对象，结果只能一直孤独下去；老年人总是坚持过去的价值观和生活方式，不能学会欣赏并接受新事物、新变化，难免会有被社会遗忘的失落感。我们可以尝试在不损害对方自尊心的前提下，帮助他们改变认知，合理设置期望值。看事物的眼光不同了，心情也会随之改变。

2. 缺乏自信和行动力

抱怨别人是一件相对容易的事情，因为把过错推到别人头上，自己仿佛就没有责任了。不敢承认自己的缺点和失败，不愿承担改变和行动的责任的人，只能说明他缺乏自信和行动力。抱怨只会使他失去自我完善和发展的机会，继续在错误的道路上徘徊不前。如果你想帮助他人，就应该制止他的抱怨，迫使他进行自我反省，才能走出越抱怨越失败的恶性循环。

3. 情感表达不当

有些人把抱怨当作表达情绪的一种方式，但结果常常是适得其反。父母抱怨子女工作太忙太拼命，其实是想表达对子女的挂念；妻子抱怨丈夫不顾家，其实并不指望他真的干多少家务活，只是希望他能多陪陪自己……可惜被抱怨的人并不总能听懂抱怨背后的情感，他们很容易将抱怨理解为批评指责，然后针锋相对，最后演变成一场"战争"。

抱怨是一种严重的心理疾病，了解抱怨者的心理特质有助于我们明白抱怨者在抱怨时的目的及用意，这样就能更好地帮助我们解决由于抱怨产生的心理问题，杜绝更多的心理疾病的产生。

无法改变本身，但可左右结果

从某种意识上说，人的改变是一个必要的过程，没有任何一个人的一生是一成不变的，既然我们无法左右生活，但我们应该也可以左右结果，我们可以看看自身，现在的自己你是否满意？现在的生活是你想过的生活吗？你为什么会闷闷不乐？究竟是什么让你从快乐变得不快乐？反观自身我们就会得到答案。

在童年时代老师的一句表扬就能让我们开心好久，一句鼓励的话语、一件称心的玩具、一个要好的伙伴，都可以让自己"不亦乐乎"。那一张张天真无邪的笑脸，绽放出的是最纯真的快乐。随着年龄的增长，不知从什么时候开始，"郁闷"这个词开始成为我们的口头禅，我们经常会说："真郁闷啊！"抱怨工作忙，抱怨生活累，抱怨领导严，抱怨收入少，抱怨孩子不够听话，抱怨自己付出的比别人多，抱怨自己的付出得不到相应的回报……似乎每时每刻，我们都生活在不快乐中。

记得看过一个小故事：一个小女孩画了一幅画，一只蜜蜂在追小熊，家里人问："小蜜蜂为什么追小熊啊？"小女孩让家里人猜，有的说是小熊偷吃了蜂蜜，有的说是小熊招惹了蜜蜂，有的说小熊和蜜蜂打架……小女孩最后摆着手说："你们都错了，是因为小熊的衣服上有很多花朵，蜜蜂以为是真的，追着它采花蜜呢！"在成人的眼里，很多事情总是往坏处想。

我们的改变不是因为拥有太少，而是因为欲望太多。快乐是一种心境，与事情本身无关，取决于你对待人生的态度，不快乐的原因在于你的心丧失了最纯真美好的东西，你心中的快乐天平渐渐倾斜于欲望，当它满足不了你空虚的心灵时，你的抱怨便产生了，抱怨的人不见得不善良，但常常不受欢迎。所以还是远离抱怨吧，生活中并不缺乏快乐，而是缺乏发现快乐的眼睛和感受快乐的心，让我们一起寻找快乐吧，只要你静静地感受，快乐就在你身边！春天的百花、夏天的凉风、秋天的圆月、冬天的飘雪，心静如水，以置身世外的心情，感受尘世间的滴滴真情，点点快乐……当心灵宁静的时候，一句话，一声问候，一抹微笑，一个眼神，一段文字甚至一滴水，都会让你感觉到快乐，其实快乐很简单。

快乐其实真的很简单，爱我们的生活，爱我们身边的每一个人，爱这个美好的世界。珍惜亲情、友情、爱情，快乐就在你的身边。快乐其实很简单，只要你有一颗真诚坦荡的心，快乐就在你身边！只要你懂得付出，只要你不计较得失，给予别人快乐，你会得到更多的快乐。快乐如同一粒种子，散布在他人的心田上，会得到加倍的丰收。

己所不欲，勿施于人

孔子云："己所不欲，勿施于人。"这句话道出了做人的真实意义。所谓"己所不欲，勿施于人"，就是用自己的心推及别人；自己希望怎样生活，就想到别人会希望怎样生活；自己不愿意别人怎样对待自己，就不要那样对待别人；自己希望在社会上能站得住，能通达，就也帮助别人站得住，通达。总之，从自己的内心出发，推及他人，去理解他人，对待他人。"己所不欲，勿施于人"简单地说就是推己及人，它和中国民间常说的将心比心、设身处地为别人想一想等，指的都是一个意思。

在生活中，我们常常会听到周围人的抱怨，这些看似无意识的行为，实则给周围的人们带来了不少的影响，发不良抱怨的人对别人不仅是一种侵扰，也是一种压抑。他们散布消极情绪，使听抱怨的人承受了大量的心理垃圾，当这些人无常宣泄时，也只能采取相同的方式来排解，于是，抱怨成了一种恶性循环，使大量人生活在一种压抑的生活氛围中，久而久之生活就会如一朵败落的鲜花，再也没有什么美丽可言了。

小梅很小的时候就和奶奶生活在一起。奶奶开着一间小店。每当有以牢骚满腹、喋喋不休而出名的顾客来到她老人家的小店时，她总是不管小梅在做什么都会把她拉到身边，让小梅明白牢骚是一件多么可怕的事。

奶奶在这时总会和她爱抱怨的主顾聊天："今天怎么样啊？"

那人就会长叹一声："不怎么样，今天真不怎么样！大姐。你看看，这夏天，这大热天，我讨厌它，噢，简直是烦透了。它可把我折腾得够呛。我受不了这热，真要命。"

奶奶抱着胳膊，淡漠地站着，低声地嘟囔："唔，嗯哼，嗯哼。"边向小梅眨眨眼，确信这些抱怨唠叨都灌到小梅耳朵里去了。

再有一次，一个牢骚满腹的人抱怨道："犁地这活儿让我烦透了。尘土飞扬真糟心，骡子也犟脾气不听使唤，真是一点也不听话，要命透了。我再也干不下去了。我的腿脚，还有我的手，酸痛酸痛的，眼睛也迷了，鼻子也呛了，我再也受不了了！"

这时候奶奶还是抱着胳膊，淡漠地站着，咕哝道："唔，嗯哼，嗯哼。"边看着小梅，点点头。

这些牢骚满腹的人一出店门，奶奶就会苦口婆心地对小梅说："丫头，你听到这些人如此这般地抱怨唠叨了吗？他们不仅自己身陷烦恼，也给身边人带来了很多不快，想想看又有谁会每天都爱听这些唠叨呢？记着，丫头，牢骚太盛妨肠断。要是你对什么事不满意，那就设法去改变它。如果改变不了，那就换种态度去对待，千万不要抱怨唠叨。"

据说人在一生中接受如此教育的机会并不多。但是奶奶却抓住每个这样的机会来教育她，目的就是想让小梅远离抱怨的人生。

抱怨本是人们所倾泻的情感垃圾，你一吐为快的同时，这些垃圾也就变成了别人的负担，正所谓己所不欲，勿施于人，自己不喜欢的东西为什么要强加于人呢？抱怨让自己心中不快也给他人带来了烦恼，这岂不是得不偿失吗？

无法改变事实，可以改变心情

生活有喜就有悲，倘若我们无法改变面前的事实，我们为什么不努力改变心情？

不自信的人喜欢怨天尤人，认为别人的运气总比自己好。自己之所以不顺心，原因全在没有运气，或在他人没有全力支持，根本不从自己身上找根源。

喜欢怨天尤人的人，总有他的理直气壮之处。工作升迁的机会被别人抢去了，他会抱怨领导没有识人之才，真是有眼无珠；事业关键的时候，突然身体生病了，他会抱怨老天爷怎么这样惩罚我；女友离他而去的时候，他会抱怨这个女人真是水性杨花，从来不会想自己是不是也有责任；朋友很长时间不联系了，他会抱怨"该死的，是不是把我给忘了……"

习惯埋怨和责备他人的人自感无能，于是设法贬低他人来抬高自己。怨天尤人到极处就是愤世嫉俗。但愤世嫉俗不但不为别人喜欢，甚至也会使你不再爱自己。此种态度的养成，多半是因你在某处失败了而找个理由来弥补。例如你对婚姻不忠实，却把责任推到对方身上；你在商业上不能坚持操守，却硬说这世界本来就是个自相残杀的地方，根本没有老实人。愤世嫉俗不但会使你的行为脱离正轨，更糟的是，你还会用它来掩饰自己的过错。如果你每次都对外在的一切嗤之以鼻,你就会更相信所有的人——包括你自己——做什么事都令人失望。

生活中,任何一个微小的不如意,都值得他抱怨一场。整天跟个怨妇似的,跟这样的人生活在一起,简直是一种折磨。而自信有朝气的人,面对生活的不幸完全是另一种态度。

有一位女士,失业、离婚之后又得了子宫肌瘤做了大手术,但你从她的脸上看不到任何怨气。她总是一脸阳光,灿烂的笑让人以为她是那种春风得意的女子。

她就这样微笑度过了人生中的一个又一个难关。下岗了,她没有哭丧着脸怨天尤人,而是坚强地接受命运挑战,她很快自己开了一间美容院,不仅把许多女人变得更美丽,也把自己打扮得很时尚。离婚了,她也没和许多人诉说,她说:"当一个祥林嫂似的人物只能让人更加不同情。"更让人想不到的是,她居然说"婚姻的裂缝绝对不是一个人撕开的,想必我也有责任。"很快,她找到了自己的新爱情。即使做了那样大的一个手术,她亦是很坦然地说:"这下,我感觉到了生命的美好,所以,必将更加珍惜每一天。"

请相信,被称作"运气"的东西,是公平地分配给我们每一个人的。我们每一个人都在为自己创造运气。假如你认为自己的运气不好,是因为你努力的方法不对。

现实与理想有时相距甚远,当我们宏伟的目标被残酷的现实击穿的时候,不要唉声叹气,不要怨天尤人,更不要就此沉沦,而要笑对人生,笑对生命,只争朝夕,奋发图强,改变轨迹接着再来。只有这样,展现在自己面前的才是一派山清水秀、桃红柳绿的景观。诚然,生命对于我们每个人都只有一次,每个人都在其中不停地耕耘,不停地收获。然而,付出与收获也并不是不变的正比关系,不要看重付出,也无须奢求收获,付出并不意味着失去,收获也并不表明得到,重要的在于过程,在于你如何自豪地充实每一天，每一个过程，而这个过程不正是一个很好的圆吗？我们的一生本身就是一个圆，从出生开始我们就意味着要以死亡收尾，留在世上的也只是我们所走过的路程。在这纷繁的尘世中能够在这里留下点滴痕迹，也不枉在这走一回。

朋友！倘若我们无法改变面前的事实，但我们为什么不可以改变存在于我们心中的那份心情？生命既然赋予了我们如此美好的世界，它的意义，它的本质也许就是需要我们鼓足勇气，慷慨走上那条属于自己的人生之路！让我们在漫漫的人生征途上，永远笑对生命！

生活五味杂陈，任何滋味都不可缺少，生活赋予人类许多美好的东西，但人们却往往执迷于那些枯燥乏味的琐事，苦苦纠结其中而忘却了生活原有的美，用心体会清晨那一抹最灿烂的阳光，夜晚那柔柔的月色，温暖而轻柔地抚摸脸颊的微风，和那瞬息万变的云朵，你会发现，这才是生活原有的姿态，生命原本应该是这样的。

抱怨的樊笼，你应走出来

现实生活中，确有这样一种人，总是生活在唉声叹气和怨天尤人的牢骚中。他的眼睛、耳朵好像长得不合时宜，总是看这也不顺眼，听那也不对劲，常常心中愤愤不平，抱怨命运，痛恨别人，不是大骂世事不公，就是哀叹老天无眼。

人在生命的旅途中，遇到各种矛盾，产生各种心理，本是正常现象，大可不必整天为此牢骚满腹。有道是：人生不如意事十有八九。这其中可能有领导、同事的原因，更多的可能还是自己的不是，一个人如果总是戴着有色眼镜看世界，凡事不能以美好的未来鼓励自己，他的心便会布满阴影，结局一定是作茧自缚。

人一生中遇到的障碍，大多是自己设置的，蒙昧的时候看不见智慧，邪恶的时候忘记了正义，卑鄙的时候抛弃了善良，愚蠢的时候玷污了真理。在失败者的心灵花园里，不仅长满了草，成了成功者的跑马场，往往还滋润荆棘和仙人掌。有些事情本属正常现象，但由于心态不正，总是看着不顺眼，把不幸强加到自己头上，总看到自己手里拿的是"劣牌"，认为自己怎么奋斗也看不到希望，总是抱怨生活不公，怨天尤人，觉得非常痛苦。

一条鱼生活在大海里，总感到没有意思，一心想找个机会离开大海。一天，它被渔夫和他的儿子打捞上来，高兴地在网里摇头摆尾，"这回可好啦！总算逃出了苦海，可以自由呼吸了！"

就这样，鱼被放在一个破鱼缸里，每天欢畅地游来游去。

每天渔夫总会往水缸里放些鱼虫，鱼很高兴，不停地晃动身子，展示漂亮的服饰，讨渔夫喜欢。渔夫真的乐了，又撒下一大把鱼虫，鱼大口地吃着，累了则可以停下，打个盹儿。鱼儿开始庆幸自己的美好命运，庆幸现在的生活，庆幸自己的一身花衣。它自言自语道："这才是幸福生活。"

日子一天一天地过着，鱼儿一天一天地游。它似乎有些厌倦，但再也不愿回到海中去了。"我是一条漂亮的鱼"，它总这么对自己说。

后来，渔夫出海遇难了。渔夫的儿子收拾东西搬家了。什么都带上了，只是没有带那条漂亮的鱼。鱼在缸里大喊："嗨！带上我，别丢下我！"没人理它。

鱼很悲伤。它开始抱怨，抱怨鱼缸太小，抱怨伙食太差，抱怨渔夫的儿子对它无礼，抱怨渔夫轻易出海，甚至抱怨它决意离开大海时伙伴们为何不加阻拦，抱怨它所认识的一切，只忘了抱怨它自己。

它又开始幻想：一个富商路过此地，发现一条漂亮的鱼，于是把它小心地收好，养在家中的大水塘里，每天都有可口的鱼虫。

太阳升起来了四周静悄悄的，只剩下一个破鱼缸，一条漂亮的鱼——死鱼。

不要抱怨自己被人忽视，或者总是感叹自己韶华虚度，一事无成。要知道，气愤和不公平只会空耗自己的热情，颓废消极的情绪只会侵蚀自己的人生。我们应该仔细反思一下：在工作中，有没有时时保持"不入虎穴，焉得虎子"的斗争？是不是处处保持"我只有一次机会"的自断后路、义无反顾的气概？有没有对自己所从事的事业投入生命的激情？人们要学会的是自己重用自己，发掘自己。尽管成功的道路上不缺乏激流漩涡，但仍然应该勇敢地追逐，不断地创造，最大限度地发挥自己的特长，干自己最该干，最能干，最有希望取得成功的事。

人生就是如此，当你将思维困于忧伤的樊笼里，未来就会变得黯淡无光。长此下去，你不仅会将最起码的信念和拼搏的勇气泯灭，还会将滋生那些最近最真的快乐失去。快乐才是最重要的，它组成我们生命链上最真实可靠的一环，你一环一环地让它松落了，欢笑怎么能延续下去呢？

新英格兰的妇女运动名人格丽·富勒曾将一句话奉为真理，这句话是："我接受这个宇宙。"是的，你我最后也能接受不可避免的事实。如果我们不接受命运的安排，也不能改变事实，我们唯一能改变的只有自己。

真正的快乐，是挑战后的结果

请不要埋怨学习的繁重，工作的劳苦，因为真正的快乐，是挑战后的结果，没有经历深刻的痛苦，我们也就体会不到酣畅淋漓的快乐！在我们的最低谷之时，我们要相信，最美好的日子会在所有阴霾散去之后就到来，因为快乐与苦难从来都是不可分割的。

一次，凯瑟琳在去机场的路上，一辆出租车停在她面前。出租车司机下车，为她打开后车门，递给她一张精美的卡片："我是沃利，我将您的行李放到后备厢去，您不妨看看我的服务宗旨。"

凯瑟琳惊讶地望着卡片，上面写着服务宗旨："在友好的氛围中，将我的客人最快捷、最安全、最省钱地送达目的地。"

开车之前，沃利问凯瑟琳："想来一杯咖啡吗？我的保温瓶里有普通咖啡和脱咖啡因的咖啡。"凯瑟琳觉得新鲜有趣，就笑着说："我不喝咖啡，只喝软饮料。"沃利微笑道："没关系，我这儿还有普通可乐和健怡可乐，还有橙汁。"惊讶使凯瑟琳变得有些结巴："那就来一罐健怡可乐吧。"

沃利将可乐递给她，继续说道："如果您还想看点什么，我这里有《华尔街日报》《时代周刊》《体育画报》和《今日美国》。"他又递给她一张卡片，"您想听音乐广播吗？这是各个音乐台的节目单。"似乎这样的服务还没有做到尽善尽美，又问道"车里空调的温度是否合适？"并且对她要到达的目的地提出最佳路线建议。

凯瑟琳惊诧于他的热情："沃利，你一直这样为客人服务的吗？"沃利笑了笑说："不，其实我只是在最近两年里才这么做的。之前，我也像其他出租车司机一样，大部分时间都心怀不平地整天抱怨。直到有一天，我听到广播里介绍励志成功学大师韦恩·戴尔博士出版的新书《心诚则灵》。戴尔说：'停止抱怨，你就能在众多的竞争者中脱颖而出。不要做一只鸭子，要做一只雄鹰，鸭子只会"嘎嘎"抱怨，而雄鹰则在芸芸众生中奋起高飞'，这段话让我茅塞顿开，从那刻开始我决定要做一只'鹰'，于是我开始留心观察别的出租车，发现许多出租车都很脏，司机的态度也很恶劣。我决心要做一些改变。"

沃利开始学做"鹰"的第一年，收入就翻了一倍。今年他的收入可能会是以前的四倍。凯瑟琳能坐上他的车纯属运气，因为他一般不需要在停车场里等待客人，他的客人都会打他的手机预约。后来，凯瑟琳将沃利的故事讲给了50多个出租车司机听，但只有两位对此感兴趣并仿效了沃利的做法。而其他那些司机，仍然喋喋不休地抱怨着他们越来越差的境况。

当沃利决定不再抱怨，成功之门就已经向他敞开了。

生命箴言

不去抱怨，需要我们有一种乐观豁达的生活态度，需要我们有一种直面困境的勇气，需要我们有一种解决问题的智慧和能力。

不去抱怨，是要我们不要沉湎于失败的打击之中丧失了生活的斗志，是要我们抬头挺胸从头再来绝不退却，是要我们善于总结寻找规律避免再走弯路。

不去抱怨，是要我们把失败和挫折变成我们前进的动力，是要我们的意志更加坚定，步子更加稳健，眼光更加敏锐，是要我们调整好心态养精蓄锐、战斗不息！

第二章

现实中，
活得辛苦的不止你一个人

　　人生有百态，压力各不同。或许你会认为在这个世界上活得很辛苦，因为生活琐事压得你难以呼吸，各种挑战也让你变得"玩世不恭"。如果你因为自己的妒忌、失败而抱怨世界，那么你的生活会变得更加的艰辛，就连最后的一丝快乐也会随着你的抱怨声烟消云散。抱怨的时候，世界不会怜悯你，最终，恐怕你剩下的只是自己可悲的抱怨。

抱怨只是逃避压力的托词

在这个生活节奏越来越快的社会中，压力常常侵袭着我们每一个人的身体和心灵。于是，有些人开始借助着压力的"后劲儿"，大发抱怨之词，认为向别人发发牢骚没有什么不好，却没有想过这些诉苦对于倾听的人会不会也是一种沉重的负担。世界如此现实，假如每个人都在无端地制造抱怨，那么生活不知该有多么沉闷。人活着本来就不容易，别拿压力当作自己抱怨的借口，因为在这个世界上没有几个人会活得比你轻松。

压力不是你抱怨的借口，而你的抱怨只是逃避压力的托词。如果你总是在抱怨自己的生活压力是多么重，工作压力是多么大，那么你会发现你所抱怨的压力正在一层层地加厚，就像是洋葱一样，会被一层层紧紧地包裹。当别人指责你无谓的抱怨的时候，千万不要说是因为各种外界的压力，才让你形成了抱怨的习惯。抱怨，只能代表是你逃避现实压力的手段。

生活如果没有了压力的束缚，人们还怎么体会到自由的畅快？一个人若无法忍受压力带来的辛苦，那么又有什么资格来抱怨自己难以成功呢？如果一个人只懂得抱怨，那么本来积极的工作、幸福的生活甚至是甜美的爱情，都会成为他生活的枷锁，也会成为他所谓的"压力山大"。

相信那句话"你已经很幸运，你已经拥有很多，而别人拥有的绝非是值得你抱怨的。"很多人的压力并非是来自外界，而是自己给自己创造的压力。当一个人看到别人的工作比自己的好、别人的薪水比自己的高、别人的房子比自己的大、别人的车比自己的贵的时候，他们便会开始质疑自己的生活，质疑自己的工作。于是，开始给自己施加压力，开始一遍遍地问自己"为什么我不能拥有那么好的工作？为什么我不能拥有那么高的薪水？为什么我买不起那么大的房子？为什么我拥有不了那辆高级轿车？"

当这一个个的疑问开始在自己心头打转儿，自己也就开始给自己施加压力。要知道并不是给自己施加压力越大，自己所能够拥有的就越多。当他觉得自己压力如此大却还是无法得到自己想要拥有的时候，便开始将压力当作是自己的借口，然后肆无忌惮地向别人抱怨自己的不快，甚至是社会的不公。而这个时候，你可以回头想一想，你所拥有的压力是别人也曾拥有过的，别人不比你压力小，那么为什么你却要向别人抱怨呢？

不要说自己是因为压力过大，才养成了抱怨的习惯，这仅仅是你的借口。即便你的压力减小一半，你还是会抱怨不休。一个总是拿各种生活压力当"靶子"，将抱怨当子弹的人，往往是一个真正意义上的胆小鬼，他们不想正面地面对压力，只是想要通过宣泄来逃避压力和生活。即便他们拥有了上天赋予的更多的美好，那么他们也无法看到这些美好，却只懂得抱怨那些仅有的一丝丝的压力。

吴业强在一家私企上班，工作四年的他，已经是这家私企的项目部的副经理，工资水平也算可以，自己也已经在这个城市站稳了脚跟，已经拥有了自己的房子，其实，他应该感觉到满足。

一次，大学班长打电话给他，说打算在周末同学聚会，问他是否有时间参加，他没有考虑，直接答应了。周末他很早就坐公交来到了聚会地点，去的同学还没几个。紧接着他看到自己大学玩儿得最好的几个哥们儿陆续而来，他们开的都是名车，而交谈之后，发现他们都已经有了自己的公司，这不得不让他瞬间感觉自己的"寒酸"。

自从大学聚会之后。他就开始闷闷不乐，他觉得自己过得很不好，想想比自己好的同学们，自己连车也没有，房子也是不足八十平的小型住宅。他越想越觉得自己的压力大，越觉得自己拥有的少。于是在工作中，他开始了给自己施加压力，生活中更是变得不再满足。

一次，他跟合作公司洽谈项目，却失败而归，更是将他的心情击落到了低谷。回来之后，他的上级也是他平日里工作上最好的朋友王帅，似乎看出了他的不快，没想到，此时的吴业强突然爆发了，将自己所有的不满与压力统统地"吐"了出来。王帅只管听着，什么话也没说。就这样，吴业强见谁就跟谁抱怨，最终，这些抱怨声传到了老板的耳朵里。老板以为吴业强开始对自己的待遇和公司产生不满的情绪，便不再那么信任他，没过多久，公司又重新招聘了一名项目部副经理，吴业强却因为自己的抱怨和不满，被公司炒了鱿鱼。

从上述例子中不难发现，吴业强的抱怨归根到底只是因为自己的虚荣攀比，也是为了逃避自己的那次工作洽谈失败。他给自己增加的压力，并非来自外界，只是来自自己的内心，而抱怨也最终让他失去了原本拥有的东西，相信在被公司炒了鱿鱼之后，他的压力会更大。由此可见，一个人的抱怨只是逃避压力的托词而已。

当一个人开始抱怨自己压力很大，活得很辛苦的时候，他就已经在为自己逃避现实找借口。世界上根本没有无压力的生活，你的压力或许还不如别人压力的十分之一，而你拥有的或许已经超过了别人的十分之九，那么你还有什么资格向别人"吐"自己仅有的十分之一的苦水呢？

一个总是在抱怨自己生活压力大的人，根本不懂得享受生活，更不懂得从生活中寻找快乐。他们总是将眼神放在自己得不到的东西上，为了追逐那些本不应该属于自己的东西，让自己变得筋疲力尽，失败之后则只会抱怨自己的生活不羁，希望得到的也许只是别人的劝慰，但是最终得到的或许只是别人的轻视和不屑。

生活中的美好比比皆是，你找到了没有？有压力才会有人生的动力，更何况活在各种压力之下的并非只有你一人，你又何必将自己的抱怨声留给别人呢？看到自己拥有的一切你应该懂得微笑，如果无意间瞥到了那些自己不曾拥有的，你可以为之努力，但绝对不要让这些东西压得自己喘不过气，更不要让压力做自己的借口，放任自己到处抱怨不休。

冷静头脑，该面对的还要面对

多年前曾经看到过一句话，至今记忆犹新"人长大了才知道，能够望着梧桐树片片落叶而寂寞，是一生中的好日子。"想必每一个踏入社会的人都会深有感触。儿时的寂寞其实是一种幸福，这种幸福从根本上来说来自那份没有琐事烦扰的恬静心态。然而步入社会之后，我们会发现，那种恬静的心态一去不复返了，我们的头脑被各种各样的事情填满，我们的时间被各种各样的任务分割得支离破碎，父母，爱人，孩子，工作，客户，事业，社交……这一串又一串的词汇组合成各种各样的形态追随在我们身后，围绕在我们身旁，活生生把我们变成了一条顾头不顾尾的泡泡龙，一不留神就把自己的生活搞得一团糟……

为什么我们要面对如此之多的事情？大事小事为何都一股脑往自己头上堆？很多人在被琐事折磨得无法忍受时都难免会发出这样的抱怨，可是，抱怨又能解决什么呢？抱怨之后，该面对的我们还是要面对。所以，我们不妨冷静头脑，理性去看待自己与琐事之间的复杂关系，试图去寻求一种解决手段，以达到与"琐事"和平共处的目的。

以职场为例，辛苦打拼的你也许会渐渐发现，你身上的责任越来越大，每天面临没完没了的工作，而且都是必须尽快完成的任务。于是，你成了救火队员，忙完这头忙那头，但一天到头，你却发现连一件重要的事情都没有完成。在绝望之中，你也许会想到去制订一个待办事情的清单。但这个工具不适合所有人，也许每天早上你看着清单上那一项项困难复杂的重要任务，让你一心只想逃避。结果待办清单非但没有发挥积极作用，反而一开始就把你压垮，引起巨大的逃避欲望和愧疚感。这个现象的原因就在于，你过于在乎如何处理完全部琐事，而对这些琐事的轻重缓急缺乏合理的先后安排。

　　李涛是某私企经理的秘书，工作几年来，他勤奋努力，兢兢业业，却发现自己总被一些琐事包围着。他性格上优柔寡断，不是容易做决断的人，一件事，他总是掂量来掂量去，想出好多种结果，生怕不小心得罪了这个那个的。对一些重要又不太懂的事，他也缺乏积极去应对的勇气，总是拖到不能再拖的时候，才着手去处理，结果却因时间仓促，常常草草了事。

　　有一次老总出差，让李涛起草一份在董事会上的发言报告。他想离老总回来还有一周，不必着急，于是摩拳擦掌地决心好好准备这份报告，好给老板露一手。之后的几天，他忙于完成另外的几件事：寄了几封客户文件，发了几份传真，打电话联系了几个不是特别重要的客户，又买了一份贺礼去庆祝老总的一位朋友喜得贵子，又趁闲暇时间和自己的几个朋友小聚了一两次。然后某一天上班之时，突然想到老板明天就要回来了，可是他要的报告还八字没有一撇。顿时决定全力以赴完成报告，可是前两天已安排了一个客户预约接待，一谈就是半天，到了下午又要安排去机场接老总，回来之后接着又被别的部门叫去协商安排明天的会议，等到终于把一切安排妥当的时候，下班时间也到了，无奈之下决定回家加班。吃过饭，西甲联赛刚好有一场要紧的足球比赛，终于忍不住把球赛看完，再看表，已是晚上11点，报告刚写了开头，又发现一些要用到的文件忘在公司了，只能第二天赶早到办公室写出报告的后半部分。最终的结果就是，一份本打算郑重其事、一鸣惊人的报告变成了一份毫无特色可言、草草完成的文件。

李涛常常想不通，为什么自己几年来一直兢兢业业、埋头苦干但工作起色不大，而且职位升迁很慢。其实真正的原因，不在外部，而在于内部——他自身的原因，正是因为他太不善于安排处理工作中的琐事，才导致了他如今的境遇。

当今的职场，快节奏、高效率是我们工作的一个基本原则，而在快节奏的职场中，"要事第一"是实现高效工作的有效途径。那么，我们应该怎么去做到"要事第一"呢？在重重任务的包围之下，我们如何简洁快速地去找到"要事"并且迅速地安排好每一件事情的执行顺序呢？

首先，我们要学会为琐事分类。对琐事进行分类，按照属于工作的事情还是家庭的事情，分出它的轻重缓急。

其次，一定要为琐事的重要性排序。在我们所面临的各种琐事之中，你会发现有些是非做不可的，有些是可做可不做的，有些是完全可以不做的，把琐事分成以上三种，第三种完全可以不做，第二种尽量少做，第一种马上去做，这样一来，你会发现突然事情会少了很多，时间又多出很多。

最后一步就是为琐事安排具体时间。每件事差不多都可以预估一下需要的时长，然后根据不同的长短，安排不同的时间段去完成。这样你就可以空出整段时间做一些需要集中注意力的事情。还有，我们也可以定时轮换任务调动积极性，这种方法可以有效地排解压力，预防拖延情绪的出现。

总而言之，处理琐事有几个原则：同一时间专一做一件事；舍得放弃学会拒绝；化整为零巧用时间的边角料，等等。面对琐事，要学会列出具体行动和细分目标。缺乏明确行动计划、结构不清的任务是最难对付的。此外重要的一点就是：保持对重要任务的关注度。如果你正在做一件重要而艰难的事情，却不时想着另外一个事，那么请不要停下来去做另外的事情，把它随手记下来，以便忙完之后再去搞，这有利于我们在完成重要任务的时候不被琐事所打扰。

琐事永远无法逃避，无论是工作还是生活，永远有一大堆的事情等待你去处理，关键的问题在于你如何去面对，如果你用一团糟的态度去面对，那么等待你的一定是一团乱麻的琐事；如果你用科学分类的态度去面对，那么你就会发现，这些事情并不像看上去那么杂乱，你有足够的时间和精力去一一面对，一一处理。做到了这一点，面对再繁杂的琐事，我们也会举重若轻，还有什么可以抱怨的呢？

逆境不是敌人，而是朋友

一个人的命运会有起伏，有些时候难免陷入低谷。身处逆境，往往会觉得一切都在与自己作对，甚至连社会对自己都变得不那么公平，越是在这样的逆境中，我们越是要忍住自己抱怨的欲望，因为抱怨不仅对于走出逆境没有任何帮助，反而会让自己身陷抱怨的情绪之中，觉得身边的一切都不公平，其实，任何人都会遇到不公；更不要抱怨自己没有机会，没有机会是自己没有抓住机遇，只要拥有坚强不屈的心态和逆境不丧志的素质，在逆境中依然敢于去发现机遇抓住机遇，那么很快就会找到走出逆境的道路。

面对逆境，我们需要明白的是：逆境并不是我们的敌人，而是我们的朋友，甚至是人生道路上的导师。逆境不仅可以锻炼我们"克服逆境"的种种能力，而且会让我们的内心变得更强大。正如森林中的大树，不经历一次又一次的狂风暴雨，就不会拥有结实挺拔的树干。一个人不遭遇种种逆境，他的人格、意志，也不会变得结实坚韧。如果我们身处逆境，一定要告诉自己：一切的磨难、忧苦与悲哀，都是成就我们、锻炼我们的原动力。我们要学会勇敢地面对逆境，在逆境中找寻自己成长的机遇，而不是怨天尤人、悲叹命运的坎坷。

　　我们知道，人的思维会带来感觉，感觉产生接下来的行为，行为造成了最后的结果，而这些结果的累积总结就构成了我们的人生。人生之路上的逆境，往往会令我们陷入彷徨，甚至给我们带来伤痕，但这些伤痕往往蕴含着丰盛的人生阅历和经验。有许多人不到穷途绝路，不会发现他自己的力量。逆境的折磨，反而有助我们发现"自己"。困苦、逆境，仿佛是将我们的生命炼成"美好"的铁锤与砧板。在面对逆境的时候只要我们不陷入抱怨，敢于去抗争，那么无论是多么艰难的逆境，我们都能找到新的机遇，并且会在这个过程中让自己变得更加坚强，变得所向无敌。

　　一个命运坎坷的女儿对父亲抱怨她的生活，抱怨自己遇到的所有事情都那么艰难。她不知该如何应付生活，甚至想要自暴自弃了。她已厌倦抗争和奋斗，因为她觉得总是好像一个问题刚解决，新的问题就又出现了。她向父亲抱怨生活，抱怨身边的人，甚至抱怨自己，觉得这个世界一片灰暗。

　　女孩的父亲是位厨师，他听了她的哭诉没有说什么，而是把她带进厨房。他拿出三只锅，倒入一些水，然后把它们放在旺火上烧。没过多久锅里的水就烧开了。他往一只锅里放了一根胡萝卜，第二只锅里放了一个鸡蛋，最后一只锅里放入碾碎的咖啡豆。父亲安静地看着三个锅继续沸腾，一句话也没有说。

　　女儿一头雾水地看着父亲做的这一切，不知道父亲想要干什么。十五分钟之后，父亲关了火，把胡萝卜捞出来放入一个碗内，把鸡蛋捞出来放入另一个碗内，然后又把咖啡舀到一个杯子里。然后他转过身问女儿，"亲爱的女儿，你看见什么了？""胡萝卜、鸡蛋、咖啡"，她回答。她摸了摸胡萝卜，发现胡萝卜已经变软了。父亲又让她拿一个鸡蛋并打破它。将壳剥掉后，他看到了是个煮熟的鸡蛋。最后，父亲让她喝了咖啡，那香浓的味道让她久久回味。

　　父亲接着对她说："同样的逆境——煮沸的开水，这三样东西的结果却截然不同，胡萝卜没有任何抵抗力，在沸水中彻底变软，失去了自我；鸡蛋虽然把自己藏在坚硬的外壳之下，但终究也被改变了形态；他们都被逆境彻底改变了。只有把自己打碎的咖啡豆改变了自己所处的逆境——沸水，把它们变成了浓香的咖啡。"

这位父亲是想让女儿明白，身处逆境，最终的结果如何，取决于自身的行动。放弃抵抗只有死路一条，封闭自己消极抵抗也终究躲不过失败的厄运，只有勇敢地去改变自己所处的逆境，才有可能取得最终的成功。抱怨其实正是消极抵抗的一种方式，明知道抱怨无法改变自己所处的困境，却还要不停地抱怨，企图用抱怨编织起一个封闭自我的外壳，借以逃避现实，这是极其错误的做法。其实只要勇敢去面对逆境，敢于打破常规，突破自身的极限，就能够摆脱逆境的困扰。

逆境可以唤起一个人的奋斗热情，激发出一个人的潜力而使他获得成功。有本领、有骨气的人，能将"失望"变为"希望"，就像蚌壳能将烦恼它的沙砾化成珠子一样。鹭鸟一旦毛羽生成，母鸟就会将它们逐出巢外，让它们做空中飞翔的练习。那种经验，使它们能于日后成为禽鸟中的君主和觅食的能手。

有智者说过："当你手中只有一颗酸柠檬时，你也要想办法将它做成一杯可口的柠檬汁。"每个人都会遇到一些挫折，有的人能够做到在逆境中不抱怨，以微笑迎接悲惨的命运，而有的人则只会自暴自弃，怨天尤人。其实，一个聪明的人完全不会选择用抱怨来面对逆境和挫折，他们会努力提高自己对于逆境的抵抗能力，从而取得一个又一个成功。

我们不难发现，凡是那些环境不顺利，到处被摒弃、被排斥的人，往往日后会取得不凡的成就，而那些从小就环境优越一帆风顺的人，却常常"苗而不秀，秀而不实"，最终被逆境所击倒。

生活在给予人一分困难时，同时也会给勇敢面对的人增添一分智力，这个道理我们一定要明白。

敢于竞争，用坚强代替抱怨

人生其实就是一场挑战，从我们降生的那一刻起，就要面对这个未知的世界，面对无数不可预料的困难挑战，许多人羡慕安逸享乐的生活，不愿意面对挑战，殊不知那些真正享受安逸的人们，往往是经过了挑战的洗礼才最终得到自己想要的生活。面对挑战，如果选择以抱怨去抵挡，结果必然会输得很惨，真正可以抵挡挑战的武器，是我们内心敢于竞争的勇气。

在充满竞争和挫折的现实生活中，一个人事业的成就、人生的成败，并不仅仅取决于我们所熟知的智商以及情商，也在一定程度上取决于一个人面对逆境时的心态。心理学家认为，一个人要想事业取得成功，不仅要具备高智商、高情商，而且也要具备面对挑战和挫折的时候强大的心理素质。在智商、情商都跟别人相差不多的情况下，一个人面对挑战时的勇气越强大，取得成功的概率就越高，可以说这种勇气对于一个人的事业成功起着决定的作用。

如果我们在工作和生活中留意身边的人，那么就会发现，不少人都害怕遇到困难和挑战。有时在挑战面前，会变得心情焦躁，寝食难安，不停地抱怨各种客观原因，甚至会觉得暗无天日。而一旦通过努力最终赢得了挑战，克服了困难，又会立刻觉得欣喜异常，天蓝水美，之前所抱怨过的客观原因瞬间都消失得无影无踪。实际上，这完全是一个心态问题，我们应该学会以平常心来对待困难挑战。要知道挑战无时不在，无处不有。在这个世界上，不可能会有一帆风顺的人生。人活着就是一个遇到挑战、克服挑战、再遇到新挑战、再去战胜挑战的过程。不断去挑战自我、超越自我，正是生命的意义所在。哈佛大学第十九任校长昆西曾经说过："人类过去和现在的努力已经解决了知识探索道路上的许多挑战，让我们继续努力去挑战剩下的难题。"

在美国有一个名叫阿费列德的外科医生，他因为工作的缘故要经常解剖尸体去确定病人的死因和器官病变情况，他通过长期的观察发现了一个奇怪的现象：那些因疾病去世的人们，他们身体的病变病器官并不像我们想象的那样糟糕，相反，这些器官的功能和素质反而比其他健康器官的功能更强大。这个现象并不符合之前的推断，引起了他的好奇心，后来他特意进行了大量的观察，经过深入研究，他发现，正是因为这些器官在与疾病的长期抗争中，其机能因不断经受考验而变得越来越强大。类似的例子还有很多，比如在给美术学院学生治病时，阿费列德医生又发现了一个奇怪现象：很多学生的视力并不像其他专业的学生那么好，有的甚至是色盲。这些原本对于美术学院学生来说的致命缺陷没有成为他们的"拦路虎"，反而成为他们前行的"原动力"。根据这些事实，阿费列德医生提出了著名的"跨栏定理"：你面前的栏越高，你跳的高度也就越高。即一个人的成就大小往往取决于他所遇到的挑战的难度。

跨栏定理其实是在告诉人们：如果勇于面对挑战，那么结果只有一个，那就是让你变得更强大。相反，如果遇到挑战心中想到的只有抱怨，那么自己永远也无法强大起来，甚至会陷入恐惧，再也无法面对任何挑战。因此我们一定要记住，面对挑战，勇于去竞争是唯一正确的做法。

正如前面所说，每个人都要面对不同的挑战，我们避无可避，只能去面对。不要害怕困难，不要畏惧挑战，心平气和地看待它们，想方设法去战胜它们。每当我们想尽办法、用尽全力战胜了一次挑战，我们就会增加一份披荆斩棘、敢闯难关的自信和勇气，从而有实力去迎接更大的挑战，获得更多的成功。挑战是最好的老师，是人生最好的礼物，它能让我们走向强大，我们还有什么可抱怨的呢？我们应该始终以享受的心态面对挑战，在挑战面前永远不抱怨、不退缩，始终保持心态平衡和进取精神，以积极和乐观的态度解决问题。这样，我们的人生才会充满乐趣、充满惊喜、充满波澜，我们的人生才会在跌宕起伏中变得绚烂多姿，我们为人处世的境界和品位才能不断得到提升，不断走向完美。

挑战是生活赐予我们的神秘礼物，而抱怨是我们走向成功之路上的一个个陷阱。只有付出努力和汗水，我们才能揭开梦想那层层严实的包装，并且收获到最后的惊喜。人是在面对一次次的挑战中不断成长起来的，我们生活的每个角落都布满挫折和挑战，当我们历尽艰辛走过这些坎坷时，就会发现自己已经迈向了新的人生，未来也因此而变得更加美好。

记得我们的女排前主教练陈忠和说过这样一句话："人生就像打牌，当你拿到一副不好的牌却能打好，这才能体现人生价值。"我们所遇到的每一次挑战也许都可能是手里那副不好的牌，这个时候我们选择抱怨是没有任何帮助的，因为现实中我们不可能重新洗牌，我们所能做的就是面对手中好或者不好的牌，努力去把它打到最好，这不仅是面对挑战不抱怨的勇气，也是一种智慧，可以引领我们走向成功的智慧。

抱怨可传染，切忌扎堆响应

也许你并不知道，抱怨其实跟感冒一样，是会传染的。相信很多人都有过这样的经历，本来都在安静地工作，突然有人说了一句"任务太重了"，结果"一石激起千层浪"，大家纷纷响应，有的开始抱怨部门配合不好，有的开始抱怨薪水太少……最后整个办公室炸开了锅，大家再也没有心思继续手头的工作了。心理学家把它形象地叫作"波纹效应"。就像一块石子扔到水里一样，平静的水面会溅起波纹,一圈圈地不断扩散,而每一个附和抱怨的人,都不知不觉中成为这"波纹"的一部分,最后导致整个环境都变得一团糟……

然而现实生活中,热衷于扎堆儿凑热闹抱怨的人还真不是少数。以职场为例,我们不妨问问身边的老板、部门经理或团队的领头人,看看团队中什么人让他们最头疼。答案一定不会是业绩最差的那个,也不会是最不守规矩的那个,而一定是抱怨最多的那个。因为抱怨会让我们失去工作动力,心态消极,继而导致应付工作,结果整体业绩出不来,更严重的是,抱怨是团队中随时可能爆发的"传染性细菌",像一个阴魂不散的病毒,潜伏在所有人的心中,让整个团队都牢骚满腹,士气低下。

不仅仅是职场,日常生活中同样也如此,有统计数据表明,近九成人天天发牢骚,其中,65.7%的人每天抱怨 1~5 次,13.8%的人每天抱怨 6~10 次,4.8%的人每天抱怨 20 次以上,只有 11.2%的人表示自己"从来不抱怨"。越来越多的人试图通过抱怨宣泄内心不满——"生活压力很大""太忙""心情烦躁""收入太低""想休假""加班让人抓狂""疲于应付考核"……近年来,随着生存压力的不断加剧,越来越多的人开始加入到"抱怨一族"的行列中,聚会时谈论的话题也越来越倾向于各种抱怨。

生活中我们几乎每天都能听到各种各样的抱怨。它们像一种看不见的"病毒",在不知不觉中蔓延,形成一个个可怕的负能量"黑洞",吞噬着我们的职业理想、工作热情、人生目标,甚至影响我们人生的发展轨迹。这种倾向是非常危险的,我们必须要放正自己的心态,用正确的态度去对待身边越来越多的抱怨,别人抱怨的时候,安慰而不附和,倾听而不扎堆儿,才是正确的态度,我们一定要清楚,如果一个人整天最大的话题就是抱怨,那么他的心态一定是不正常的。

如果按照那些常抱怨的人的观点,尼采应该抱怨他的长相丑陋，拿破仑应该抱怨他的个子矮小……可是，这些人没有一个抱怨。当别人在你面前抱怨的时候，你不妨提醒他一下：当别人在拼命工作的时候，你在做些什么？当别人在努力学习的时候，你又在干什么？其实，每个人都会遇到挫折的时候，需要发发牢骚、排解排解生活的压力，这个本身是没有错的。问题的关键在于，一旦我们养成了"抱怨"的习惯、心里形成"抱怨"的思维模式，那就非常可怕了。

　　兢兢业业的比尔在一家公司做技术销售，工作上的认真努力得到了上司的欣赏，私下两人就如朋友一般。他的上司是个很有能力的前辈，但对公司的管理有很多意见，时间长了，这种不认同转化成了抱怨，经常在酒吧向比尔抱怨公司的种种不合理，比尔一开始还只是安慰，后来竟渐渐产生了认同感，很快，他工作时的心情也变得灰暗起来。他感觉上司说的问题随时出现在工作的各个环节中，这让他对工作的抵触情绪越来越大，最终辞职了。

　　两个月后，比尔进到另一家公司，工作内容并没有太大变化。因为之前的经验，他对现在的工作上手也很快，一切都很顺利。半年后，公司在管理和业绩考评上做了重大调整，工作压力陡然上升。比尔的部门对新的业绩考评标准都非常不认同，说是公司就是在压榨他们，好几个人都表达出对公司的心灰意懒。比尔作为部门负责人，应该考虑如何去排解充斥部门的这种心态和抱怨，但是他再一次重蹈覆辙，自己也开始觉得这个公司确实太压榨员工了，他甚至觉得每天上班成了一种沉重的负担，各种抱怨充斥在周围，自己也变得烦躁，最终忍受不了，再一次提出了辞职。

　　这其实就是抱怨传递负能量的鲜活例子，在生活中，抱怨的人随时可能出现在我们身边。但使得他们抱怨的真正原因你并一定知道，也许他们只是因为生活里的不顺心，而把情绪带到工作中，又或者是因为工作的失败，把情绪带到了生活中。如果仅仅是这样就影响到你的心态和工作状态，岂不是很冤么？不管周围的人怎么说，我们自己一定要首先了解清楚自己的处境和实际状况，做出符合自己实际状况的决定，切莫随波逐流，影响到自己的心态。

专家指出，过多的抱怨会给人们的身心健康带来消极影响，不停地向别人抱怨也会留给别人非常消极负面的印象，而一味地附和别人的抱怨也会让这种附和弄假成真，让自己真的有了抱怨。在生活中，积极正面的情绪及行为举止是我们需要具备的基本素质，也是每一个人人生发展的助推剂。一个不随意附和抱怨的人必然能够在工作中、生活中散发出积极正面的能量，化抱怨为抱负，而不是一味地消极应对。

无论是在职场还是在生活中，抱怨都是一种可怕的传染病。经常抱怨的人会变得消极，不思进取。抱怨，还会让人陷入可悲的恶性循环。大量事实证明，积极有效的沟通方式永远比扎堆儿发牢骚要高明得多。如果身边有人抱怨，那么我们不要去凑热闹，要想办法找到问题的关键，以平和的态度把问题反映出来，并且共同去解决这个问题——这才是应对身边抱怨的最好办法。

抱怨越多，你的朋友就越少

也许我们都有过切身体会：一些人苦于各种生活压力的困扰，下意识地见到朋友亲戚就发出各种抱怨，意图通过抱怨来发泄内心的苦闷，但是长此以往，这样做很容易让自己身陷"怨妇"气质，成为亲人朋友眼中"抱怨""牢骚"的代名词，越来越不受欢迎，因为谁都不会受得了身边有个不停抱怨的人，一味地抱怨，只会让你不断失去朋友，而不会对生活带来任何的改善。

如今的社会已经步入全面竞争全面攀比的时代，无论是衣食住行，还是孩子的成绩甚至是手机挎包的档次，都无条件地成为攀比和抱怨的对象，"隔壁家的孩子又考了第一，你怎么就那么不上心？""楼下住户又有一家买车了，我们什么时候买？""隔壁部门季度奖整整是我们的两倍！真不知道老板怎么想的！"……这样的唠叨，可能每个家庭都出现过，每个人也都遭遇过。这种易抱怨的人在别人眼中，看不到他们积极向上的一面，有的只是抱怨，这样的人并不受欢迎，很多人都是唯恐避之而不及，那么，究竟是什么心态导致了这种气质？

在现代社会中，无论是社会，还是家庭，对于人们的要求已经是越来越高了，工作家庭两不误甚至成了最基本的要求，在这种情况下，每一个人的心理压力都是很大的，而且也很少有人能够真心做到不计较，很多时候遇到事情总是一眼就能挑出问题来，当然挑出问题也是正常的，不过，热衷于抱怨的那部分人接下来会热衷于不断把缺点放大。此外，当今的人们对生活质量的要求也越来越高，一旦现实和理想有了落差，自然容易求全责备，希望通过抱怨去督促身边的人向"完美"靠拢。这也是如今社会抱怨之风愈演愈烈的原因所在。

然而，那些热衷于抱怨的人其实意识不到，他们之所以陷入抱怨的怪圈，越来越不受身边亲人朋友的欢迎，是有着他们自身原因的。所有的事情都有两面性，连上帝在关上一扇门的时候，都会为你另外打开一扇窗子，那么我们又何苦在一件事情上苦苦纠结呢？喜欢抱怨的人往往倾向于看到事情不好的一面，这就像是戴着有色眼镜去看这个世界，看身边的人。这种思维倾向会伤害到身边的朋友以及每一个表达关心的人。

曾经听到这样一个故事，有个女人总是喜欢抱怨身边的人和事，多年来她总是跟每一位来做客的朋友抱怨对面那家的太太很懒惰，你看，"对面那个女人的衣服永远洗不干净，看，她晾在外院子里的衣服，总是有斑点，看，今天她晾了床单，都没洗干净也不管……"直到有一天，有个细心的朋友听她抱怨之后并没有说什么，而是走到卫生间去拿了一块抹布，把这个女人的窗户上的灰渍抹掉，擦得干干净净，说："看，这不就干净了吗？"原来，这个整天抱怨对面家里衣服洗不干净的女人并没有意识到，其实没洗干净的，并不是人家的衣服，而是她家的窗户，灰尘不在别人的衣服上，而在她家的玻璃上。换一个角度，我们也可以说，真正的灰尘，也不在窗玻璃上，而是在她的心里。

　　如今的社会，人们生活压力大，适当抱怨、诉苦一下，是一种正常的情绪宣泄手段。可如果成天抱怨不离口，则会陷入"心理偏盲"的误区，就像戴了墨镜一样，总是对身边的人和事选择性地"批判"。最后失去心理平衡，凡事往坏处想，对身边人的优点视而不见，甚至导致冷漠、孤僻，不爱与人交往，逐渐失去了家人、朋友的关心和照顾。

　　一个经常向人诉说抱怨的人，不见得不善良，但必然会有点不受人欢迎。经常向人抱怨的人常常认为自己是个强者，是个有能力的人。他们认为只是由于这个社会的不公，或者是说没遇到一个能发挥自己能力的平台。于是常常感叹伯乐不再，时运不济。但是，也许他恰恰忘了，听他抱怨的人也照样经历过这些。或许遭遇过的挫折比他更严重。只是他们在发现抱怨并不能解决问题的时候，就闭口不再向人诉说抱怨了。人们本来同情弱者，可是由于抱怨者习惯性地见一次诉说一次，显得那样的气急败坏，反而不再同情他，开始讨厌起来了。就像鲁迅笔下的祥林嫂一样，人们本来很同情祥林嫂的遭遇，可是受不了祥林嫂的喋喋不休的诉说，到最后一见面都唯恐避之不及，就是受不了她的习惯性的抱怨。

不抱怨小秘诀

经常抱怨的人会失去前进的动力，变得一切都无所谓，充满沮丧。更严重的是甚至会失去朋友。所以，我们一定要记住，不要经常向人抱怨，因为抱怨并不能解决事情。"多做事，少说话"，多从自己身上寻找原因，寻找一种积极的生活态度。与其抱怨，不如想想自己希望的到底是什么，然后想办法达到目标。换一种思维方式，生活也许就会变得积极起来。另一方面，聪明的人不仅不会向身边的人展示自己抱怨的一面，而且会致力于给别人留下更加美好的感觉，这不但能让自己保持好心态，也能让自己收获更多赞美，是金子，终究会发光，一个不抱怨的人会拥有更多的朋友，因为他们不仅会拂去自己身上的灰尘，也会给身边的人带来心灵的净化。

抱怨，不如强大自己

如果说抱怨的产生必然有其来源，那么嫉妒一定是抱怨最大的生产厂家。因为得不到只会让人觉得沮丧和失败，而"别人得到了我得不到"才会最大限度地激起人们抱怨的欲望。我们不妨仔细分析一下，身边所有的那些抱怨，比如抱怨薪水太低，其实是在嫉妒别人薪水比自己高，比如抱怨孩子考试不如邻居孩子，其实是在嫉妒邻居家孩子考得太好。但其实我们心里都清楚，无论是抱怨还是嫉妒，都不如把工夫花在强大自身上更为有效，因为改变别人几乎是不可能的，壮大自己只需要努力便可。

有这样一个小故事，说是有一个画家去拜访世界著名画家门采尔，他苦恼地说："为什么我用一天时间画的画，要用一年才能卖出去呢？"门采尔微微一笑："你尝试一下用一年画一幅画，你一天就能卖出去。"画家大悟，从此刻苦用功提高绘画技巧，最终也取得了不凡的成就。

现实生活中，在我们身边，也有着许多跟这个画家一样的人，他们总是抱怨别人的成就，抱怨自己得到的太少，其实从本质上来说，他们抱怨的永远都只是结果，因为他们通常看不到过程，看不到别人成就背后为之辛苦付出的过程，所以他们的抱怨只能有唯一的一个解释，那就是嫉妒。因为心怀嫉妒而抱怨的人不会明白：对于任何一个心怀梦想的人来说，实现梦想永远都是一个精益求精的过程，而不是浅尝辄止、抄小路、走近道的过程。奇拉格说过："只有那些失败者才希望能马上成功，最佳行为者都清楚地明白，成功是通过以往行为所获得的经验和踏踏实实的努力取得的。"

在一次高中同学的聚会上，很多人都在抱怨，那些当年跟自己成绩差不多甚至不如自己的人，怎么现在都成了身居高位的总裁、经理，地位崇高的博士、教授，而自己只是一名普通的公司职员。当年的班主任听了之后微微一笑，说道："其实你们的人生经历就好像是在打保龄球。保龄球的规矩是，一局10个球，每一个球得分是0~10分。起初，看似只有10分和9分的差别，但是几个回合下来，分数的差距可就大了。这是因为，打满分的人要加下一个球的得分，这样一局下来，得分300分的高手也有，打270分、280分的能人也不少，同样也有一些只打90分的低手。你们毕业的时候，好比只打完了第一个回合，10分和9分的差距而已。然而，人生那么漫长，有数不清的回合。在接下来的较量中，有的人毕业后就就业业，一步一个脚印地朝前走，最终获取巨大的成功，成为打300分的高手。还有一些人，吊儿郎当地混着，多年以后，就只有那么90分的成就。一局终了，你们自然就会有天壤之别。"大家听后，都受益匪浅，特别是那些一开始抱怨最凶的人，都若有所思，似乎明白了什么。

在现实生活中，当看到别人身居高位或是物质丰富的生活时，当看到别人玩转名车游遍天南海北的景点时，当看到别人抓住机遇平步青云的高升时，不少人都会抱怨社会不公平：凭什么别人可以这样而我却不能？平心而论，有这样的抱怨完全是出于嫉妒，因为，当你抱怨社会不公平的时候，可否认真反思过这样两个问题：世界欠我什么了吗？我自己足够强大了吗？

曾经有智者讲过这样一个小故事：在某座小庙的大堂里供奉着一尊石佛，拜佛者每天跪拜上香，恭恭敬敬，在寺庙的门口铺着一块石板，拜佛者每天来回进出要踩上无数次。有一天，心生怨气的石板终于忍不住抱怨起来："同样是石头，我灰头垢面，每日里受人踩踏，你却高高在上，天天受人跪拜。世道为什么如此不公平呢？"石佛听了微微一笑，说道："你说的确实不错，我们来自深山的同一块石头，但我挨了千刀万凿，不知忍受了多少痛苦，最后才站在了这里，而你只是挨了几刀而已，所以就只能铺在地上供拜佛者踩踏。"这虽然是一则寓言故事，但是却道出了因为心生嫉妒而抱怨的本质原因：既不想挨千刀万凿，却又幻想着身居高位被人敬拜，这可能吗？因此，那些因为心生嫉妒而抱怨的人们，最好的解脱方法就是赶紧让自己强大起来，强大之后，自然会拥有那些之前不曾拥有的东西，嫉妒便无从谈起。

因为嫉妒别人而抱怨，是最自找烦恼的一种抱怨。要知道自己的抱怨其实起不了任何实质性的作用，唯一能起作用的，就是想办法去充实自己，让自己变得壮大起来，为下一次走出失败阴影打下坚实基础。每当我们内心产生嫉妒的念头时，我们一定要把握好自己，不要让这些念头借着抱怨的话语从我们口中蹦出来。面对结果的差异，我们要学会从过程和我们自身去寻找原因，而不是一味去抱怨。我们一定要记住：一个强大而完善的自己，才是消灭抱怨消灭嫉妒的终极武器。

吃一堑不抱怨，长一智是真理

"失败是成功之母"这句话想必任何一个人都听过，但是真正能达到这个境界的人却很少，有太多的人无法平静面对失败，他们总是想方设法为自己寻找失败的理由，殊不知他们费尽心思的解释在别人眼中只不过是逃避责任的抱怨而已。失败并不可怕，可怕的是无法面对失败，如果一个人面对失败只想着如何去抱怨，而不是如何从失败中走出来，那这个人的人生一定是可悲的。

我们知道，那些成功人士之所以能够成功，并不是因为他们经历的失败少，而是恰恰相反。美国的《成功》杂志每年都会评选当年最伟大的东山再起者，这些人的传奇经历中都有一个共同点，那就是他们在遇到常人难以承受的失败时始终保持乐观的态度，不抱怨，从不轻言放弃。实际上，许多成功者正是在失败、困难的磨炼中成长起来的。无数事实证明，越是优秀的人才，越能在遭遇失败时激发活力、释放潜能。而那些遭遇失败之后只知道去找理由抱怨为自己开脱的人，内心是脆弱的，喋喋不休的抱怨只能证明一件事，那就是他们还没有从失败的阴影中走出来。

面对失败不抱怨，其实是一种自我反省。抱怨的人，内心是无法平静的，因而他们看不到事情的各个方面，所以也就做不到自我反省。在现实生活中，有太多的人虽然受过很好的教育，并且才华横溢，但在职场中却长期得不到提升，为什么呢？主要是因为他们不愿意自我反省，总是埋怨环境，对工作抱怨不休。工作中时常表现出这样的情况：一项任务交代下来后，如果上司不追问，结果十有八九不了了之；有些事情，如果上级不跟踪落实，就很难有令人满意的结果；还有的人面对布置的工作从来都不懂得去思考和总结，不懂得去反思之前的成功或者失败经验，一旦出现问题就开始抱怨，抱怨的人很少积极想办法去解决问题，不认为完成一项任务是自己的责任，却将诉苦和抱怨视为理所当然，这样的人除了失败之外，很难有其他的结局。

事实上，往往是那些遭遇失败不抱怨，默默总结经验教训积蓄力量的人，才能够勇敢地面对下一次挑战，并且最终获得成功。

不少人应该还记得红塔山牌香烟，当时也算是一种比较上档次的烟了。20世纪70年代末，褚时健出任玉溪卷烟厂厂长，他带领团队，用了18年时间将这个陷入亏损的小烟厂打造成亚洲最大的烟厂，为国家创造利税991亿元，可谓是风光一时。作为云南红塔集团的一把手，褚时健当时的工资水平仅相当于烟厂一个普通工人的工资，个人收入的不平衡感使他的想法发生了危险的转变，他辉煌的人生之路偏离了航向，因为贪污174万美元，在退休前褚时健被判无期徒刑，此前他的女儿在狱中自杀，那时他已经71岁了。

这次变故对于一个七十多岁的老人来说，可谓是灭顶之灾。许多人都为他惋惜，认为他这辈子完了。但是，出人意料的是，这位老人没有消沉，他在监狱中反省自己，努力减刑，2002年他因为糖尿病获批保外就医，回到家中居住养病，并且活动限制在老家一带。按照大多数人的设想，他能在老家颐养天年，已经是他最好的结局了。然而他做出了出乎所有人意料的举动：承包2000亩的荒山，开种果园。这时，他已经有75岁了，承包的荒山也非常贫瘠。然而困难并没有阻碍他的"疯狂"行为，他带着妻子进驻荒山，用努力和汗水把荒山变成了绿油油的果园，他运用自己出色的管理和市场开拓能力，把果园的产品远销到沿海的一些发达城市，最终，坐拥过亿资产的他迎来了人生的第二次辉煌，也造就了一个东山再起的商业神话。

这个已近耄耋之年的老人，面对人生的成败起伏，懊恼过痛苦过，但流过泪后，他并没有选择抱怨，他把曾经的成败都抛在了身后，又一次点燃心中的奋斗之火，从褚时健的经历我们可以感到，人的命运难免会有起伏，甚至有些时候，我们会遭遇到一些不公平的待遇，但无论身处何种境地，我们自己要明白：抱怨于事无补，对于曾经的失败，抱怨能起到的唯一作用就是让我们困在过去的失败中走不出来，这无疑是非常危险的。我们需要有坚强不屈的事业心和逆境不丧志的素质去面对失败，把抱怨抛得越远越好，才是最正确的做法。

面对事业的失败或是生活的不如意时，面对那些让我们忍不住去生气、抱怨的事情时，我们要用一颗勇敢的心去面对。当我们遭遇挫折时，我们不必急着去寻找自己失败的原因，而要先知道自己是否用正确的心态去面对。无论遭遇什么样的失败，都要先停下来，不要急着去沮丧，也不要着急去抱怨，而是让自己喘一口气，想一想究竟发生了什么事。

现实中很多时候失败的原因可能是多种多样的，也许是我们自身努力不够，也可能是我们遭遇到了不公平的待遇，每当这个时候，许多人会浪费太多的时间和情绪在这个方面，但是我们最后会发现：我们的抱怨如同石沉大海，似乎生活没有一点点的回应。所以，我们要改正自己的心态，金无足赤，人无完人，生活也是如此，我们要接受好的地方，当然也接受生活不好的地方，我们要积极地乐观地面对生活中所有的困难，勇敢地去面对生活中所有的失败。

如果我们遭遇失败，不要抱怨生活对你不公，因为任何人都可能会遇到不公；也不要抱怨自己没有机会，没有机会是自己没有做好准备。所有的抱怨其实都是在为自己过去所犯下的错误寻找借口，我们何苦把时间和精力放在已经成为过去的错误上呢？面对失败只知道去抱怨才是最可怕的，我们必须明白：停止抱怨的那一刻，就是我们迈向成功的第一步。

第三章

摒弃抱怨，职场精英需要努力

在职场中更容易听到员工对领导的"不满"和"抱怨"，它已成为怯懦者的挡箭牌。想成为职场精英就需明白一个道理：位置决定思想，既然你已经投身于一个公司，就要做到尽心尽力，不能阳奉阴违。如果不能全心全意，就干脆不干。如果你非要辱骂，诅咒和没完没了地贬损不可，那么你为什么不辞职呢？当你身处局外时，你可以尽情发泄。但是，要知道身在其中时，不要诅咒它。当你贬损它时，你身置其中，那么你也是在贬损自己，职场有如战场而抱怨就像一团迷雾，我们需要用一如既往的热情和坚不可摧的意志将其销毁。

找方法，而不是找借口

同样是一件事，不同途径就会促成不同的结果，简单分析成功者与失败者，我们会发现成功的人敢于面对问题，遇事冷静，并且能在压力面前找到解决的方法，而失败的人无力承担任何问题，遇事慌乱退缩，不能及时解决问题反而是找各种借口甚至抱怨生活，命运掌握在自己手中，成功或失败就看你怎样去对待。

十多年前，小李在一家建筑材料公司当业务员，当时公司最大的问题是如何讨账。产品不错，销路也不怕但产品销出去后总是无法及时收到款，有一位客户买了公司 10 万元产品，但总是以各种理由迟迟不肯付款，公司派了 3 批人去讨账，但都没拿到货款。当时他刚到公司上班不久，就和一位姓张的同事一起被派去讨账，他们软磨硬磨想尽了办法，最后客户终于同意了给钱，叫他们过两天来拿。

对方给了一张 10 万元的支票，他们高高兴兴地拿着支票到银行取钱，结果却被告知账上只有 99920 元，很明显对方又在耍花招，他们给的是一张无法兑现的支票。第二天就要放春节假了，如果不及时拿到钱不知又要拖延多久。遇到这种情况一般人可能一筹莫展了，但是他突然灵机一动，于是拿出 100 元钱，让同去的小张存到对方公司的账户里去，这一来，账户里就有了十万元，他立即将支票兑现了。当他带着这 10 万元回到公司时，董事长对他大加赞赏。5 年之后当上了公司的副总经理，后来又当上了总经理。

与此相反，另外一位员工的表现却大相径庭，那是位刚刚毕业的女大学生，学识不错形象也很好，但有个明显的毛病就是做事不认真，遇到问题就总是找借口搪塞，开始大家对她的印象还不错，但上班没几天她就开始迟到，办公室领导几次向她提出，她总是找这样那样的借口来解释。一天领导安排她到北大送材料，要跑3个地方，结果仅仅跑了一个地方就回来了，领导问她怎么回事，她解释说"北大好大啊，我都在传达室问了几次，才问到一个地方"。老总生气了："这三个单位都是北大著名的单位，你跑了一个下午怎么会就找到这一个单位呢？"她急着辩解："我真的去找了，不信你问传达室的人。"老总心里更有气了：我去问传达室干什么，你自己没有找到单位，还叫老总去核实，这是什么话？其他员工也好心地帮她出主意，你可以找北大的总机问问3个单位的电话，然后分别联系，问好具体怎么走再去，你不是找到其中一个单位吗？你可以向他们询问其他两家怎么走，你还可以在进去之后问老师和学生……谁知她一点都不理解同事的苦心，反而气鼓鼓地说"反正我已经尽力了……"就在这一瞬间老总下了辞退她的决心，既然这已经是你尽力之后达到的水平，想必你也不会有更高的水平了，那么只好请你离开公司了，虽然女孩的举动让很多人难以理解，但大家还是认为，这种遇到问题不是想办法解决而是找借口推诿的人，在职场中并不少见，而他们的命运也显而易见。

　　命运永远掌握在自己的手中，如果你每天都在抱怨命运，它回报给你的将是无止境的失败，如果你能积极地面对每一天，成功终有一天会来敲门。

让利于人，满足利益

　　在商业经营中强调物质利益和物质刺激，利益关系各有所趋，大家难免会因为守住自身利益而对他人的利益造成威胁和排挤，遇到此类事情，斥责抱怨，剑拔弩张，只会令事情更加危机紧张，商人的经商信条是建立在自愿平等的原则之上，而成功的大商人的经商理念则是，让利于人。

松下幸之助在一则日记中说：我认为成功的经营者和失败的经营者之间最大的分别，在于究竟能做到几分大公无私，以无利之心观察事物。以私心，也就是以私人的欲望经营的人，必定失败。能战胜私欲的经营者，才能促使事业兴盛繁荣。一切以公利为出发点，不为私欲所蔽。换言之，需有一颗正直的心。所以，我认为最重要的，就是不受私欲诱惑，以纯正之心观察事物，而且经常审视自己、告诫自己。

作为一个理智的商家，就一定要具有长远的战略眼光。应该把精力首先集中在强化巩固自己内部机制上，然后选具有战略眼光的"势"，通过"设点""连线""立柱"等隐蔽的有效的手段去围形，最后形成固若金汤的势力。只有这样，才能在竞争中获胜。相反，与人争小利，眼睛死死盯在眼前的利益上，一方面会因把精力耗于此种竞争上而无精力去"造大势"；另一方面会因争小利而得罪周围的同行，树敌过多，被人联合而攻之。

李嘉诚主张让利于人，就是以稳健的心态对待人才，以体己心怀对待对手，这不仅是李嘉诚的经验哲学，更是他的致富谋略。他注重长远的发展战略，以小博大，利人利己的经营策略将他的事业推向顶峰，所以，身处职场的你要谨记，让小利于别人，眼下好像吃了点亏，但从长远观点看并非吃亏。让小亏于别人，别人不仅不会因争利而与你敌对，反而会生出感激之情，信任于你。取得别人的信任比什么都重要，而取得同行的信任就更为重要。信任你的同行不仅不会暗拆你的墙脚，关键时刻还会帮你一把。

让利于人，一定要让得巧妙，否则也难以收到预期的效果。所谓巧妙其实质在于，要抓住顾客的需求心理，给予他想要得到的东西。如旅店免费为顾客提供生活用品，饭店为顾客无偿提供茶水等，都是给予顾客需要的利益。再如有的商店送货上门、免费维修等，也都是满足顾客需求利益的做法。

明确目标，分段实现

　　成功与失败的关键就是在确立目标之后能否去实现它，很多时候我们因为一些险阻而叫苦连连，甚至放弃目标，那样只会越来越远离成功，所以你的目标确定以后，就是要坚持，一定要找出办法来，将其实现。

　　在大部分人都为自己的目标奔忙时，为什么总有一些人轻而易举地就能将目标实现，但为何其他的人没有成功，始终未见成果？

　　其实成功也很简单，那就是直逼你的目标。坚持，坚持，再坚持。

　　现在有些人总是抱怨自己缺乏书本知识，抱怨自己没有开发新领域的机遇，抱怨命运的不公平。要知道抱怨是于事无补的。抓紧时间，勤奋学习，明确自己的奋斗目标，然后，围绕目标，千方百计，攻关破难，不失为走向成功的一个好方法。这就要求直接对准选定的创造目标，直接进入创造状态，建立知识输入、知识积累的有序性——根据创造需要贮存知识、补充知识，而不搞烦琐的知识准备。

　　爱因斯坦为什么年仅 26 岁时就在物理学的几个领域作出第一流的贡献？达·芬奇为什么能成为"全才"？仅仅是因为他们的天赋吗？绝不是！可以说，许多科学家能迅速取得成功都在不同程度上使用过这种"直接法"。试想，当时爱因斯坦 20 多岁，学习物理学的时间不算长，作为一个业余研究者，他的时间更是极为有限。而物理学的知识浩如烟海，如果他不是运用直接目标法，就不可能在物理学的三个领域都取得第一流的成就。他在《自述》中说："我看数学分成许多专门领域，每一个领域都能费尽我们所能有的短暂的一生，物理学也分成了各个领域，其中每一个领域都能吞噬短暂的一生……可是，在这个领域里，我不久就学会了识别出那种能导致深邃知识的东西，而把其他许多东西撇开不管，把许多充塞脑袋，并使它偏离主要目标的东西撇开不管。"

运用直逼目标的方法有哪些好处呢？其一是可以早出成果，快出成果；其二是有利于高效地学习，有利于建立自己独特的最佳知识结构，并据此发现自己过去未发挥的优点，以便独创性的思想产生。直逼目标还可以使大胆的"外行人"毅然闯入某一领域并使之得以突破。DNA双螺旋结构分子模型的发现就是有力的例证。被誉为"生物学的革命"这个20世纪以来生物科学最伟大的发现者是沃森和克里克，两人当时都很年轻（沃森当时仅25岁），而且都是半路出家。他们从认识到合作，从决定着手研究到提出DNA双螺旋结构分子模型，历时仅仅一年半。可以说，如果沃森他们不是直逼目标，是不可能在短短的时间内获得如此巨大的成功的。

人类知识的发展是有着"可压缩性"与"可跳跃性"两种性质的。学习不是把前人的路再走一遍。数学中的那些千奇百怪的因式分解题足以使人神经衰弱，但如学了高等数学的罗必塔法则，一切则轻而易举。杨振宁教授认为有些知识不见得非学透、学懂，有个大概印象即可，用时再细学。美国心理学家雷亚德认为就一般情况而论，多数人都是等到开始工作的时候，方才到处请教学习。讲的也是这个道理。

如果你已经确立了目标，那么请不要再延宕了，过多的犹豫和抱怨只会拉长你与成功的距离，既然想成功就抓紧一切时间来行动，把握时间，战胜怯懦，直逼目标，完成你的梦想。

面对逆境，寻求晋升

拿破仑幼时的生活是十分清苦的。他的父亲是出身科西嘉的贵族，虽然后来因家道中落而一贫如洗，但他仍以贵族的身份孤高自傲，仍旧多方筹措费用，把拿破仑送到柏林市的一所贵族学校去求学，借以维持自己家门的尊严。但是那所学校的学生大多家境优裕、丰衣足食，拿破仑自己破衣烂衫，十分褴褛，所以常受那些贵族子弟的欺负和嘲笑。

起初他还勉强忍耐那些同学的作威作福，但后来实在忍无可忍，便写了一封信给父亲，抱怨他的苦处。信上说："因为贫穷，我已经受尽了同学们的嘲弄调侃，我真不知应该怎样对付那些妄自尊大的同学。其实他们只是比我多几个臭钱罢了，在思想道德上，他们远不及我。难道我一定要在这些奢侈骄纵的纨绔子弟面前，过着低声下气的生活吗？"

他父亲的回信只有短短的两句话："我们穷是穷，但是你非在那里继续读下去不可。等你成功了，一切都将改变。"就这样，他在那个学校里继续求学了 5 年之久，直到毕业。在这 5 年里，他受尽了同学们的各种欺负凌辱，但每受到一次欺负和凌辱，就愈使他的志气增长一分，他决心要把最后的胜利拿给他们看。

当然，要达到这个目标的确并非易事，那么他怎样做呢？他只有心里暗自计划，决定好好痛下苦功、充实自己，使自己将来能够获得远在那些纨绔子弟之上的权势、财富和荣誉。

可是不久，拿破仑又受到了另一严重的打击：在 20 岁时，他那孤高自傲的父亲去世了。家里只剩下他和母亲两人。那时他只是一名少尉，所赚的薪水，也仅够他们母子两人勉强维持生活。

他在队伍中，由于体格衰弱、家境贫困，处处受人轻视，不但上司不愿提拔他，就是同事也瞧不起他。因此，当同伴们利用闲暇时间自娱时，他则独自苦干，把全部精神都放在书本上，希望用知识和他们一争高下。好在读书对于他好像呼吸一样顺当，他可以不费分文向各图书馆借得他所需要的读物，从书里获得宝贵的学问。

拿破仑读书有着明确的目的，他不读那些无用的书来消遣解闷，而是专心寻求那些能使他有所成就的书来读。他的"书房"

是一间又闷又小的陋室，在那里他终年勤学不倦，弄得面无血色。

他在孤寂、闷热、严寒中，从不间断地苦学了好几年，单单从各种书籍中摘录下来的文摘，就可印成一本4000多页的巨书了。此外他更把自己当成正在前线指挥作战的总司令，把科西嘉当作双方血战的必争之地，画了一张当地最详细的地图，用极精确的数学方法，计算出各处的距离远近，并标明某地应该怎样防守，某地应该怎样进攻。这种练习，使他的军事知识大大进步，终于被上级赏识，给他开辟了一条晋升之路。

他的上级认识了他的才学之后，就将他升任为军事教官，专教需要精确计算的种种课程，结果成绩十分优秀。从此，他便逐渐飞黄腾达起来，在不知不觉中，他已经获得了全国最高的权势。

拿破仑说："我成功，是因为我志在成功。胜利，是属于最坚忍的人。"拿破仑的晋升之路并非一帆风顺，但他对付挫折的办法却不是无止境的抱怨，而是用隐忍和蛰伏来面对，用更加有力的武器武装自己。

同样面临逆境，有的人跨了过去，功成名就；有的人乃至有些高智商人才，却陷了进去，被淘汰出局。究其原因，就在于他们缺少应对逆境、解决现实难题的能力。那么我们要如何面对逆境？那就是不放弃目标，用一种坚忍顽强的心智来对待，拿出越挫越勇的态度来对待。

在《福布斯》杂志公布的东南亚40名富豪中，70岁的陈永栽以16亿美元资产列第12位。在菲律宾，其首富地位相当稳固。而半个多世纪以前，陈永栽一家初到菲律宾时，生活非常贫穷。

陈永栽是一个传奇。从平凡到辉煌，从贫穷到富有，这样的经历听起来更像神话。对怀抱梦想的年轻人来说，陈永栽又是一个活生生的梦想成真的例子。陈永栽的经历向他们证明，通过个人奋斗获得成功不仅是故事，而且是可以实现的现实。

陈永栽出生于福建晋江市的一个普通家庭。在11岁时，因家乡遭遇灾荒，便跟着叔父到菲律宾，在一家烟厂当杂役。他白天干活挣钱，晚上挑灯夜读，以顽强的毅力修完了中学课程，并以优异成绩考上了远东大学化学系。之后，他又以半工半读的方式修完马尼拉远东大学化学工程系课程。毕业后，陈永栽仍在烟厂工作，并且被提升为化学师。不过，这时的他由于具备了丰富的化工知识和在烟厂多年的工作经验，又拥有与商界的密切联系，满怀开拓实业之志。虽然老板极力挽留，他还是毅然辞去令人羡慕的职位，决定自己创业。

1954 年，在亲友的帮助下，刚满 20 岁的陈永栽创办了一家淀粉加工厂，未赚反赔。这一次的失败，并没有击垮意志坚定的陈永栽，他曾说："任何事情都有好坏两个方面，关键是将不利条件转变为有利的条件。"他没有活在失败的阴霾中，而是将借来的钱创立了甘油公司和化学原料公司，这让他初尝了赚钱的滋味。这家公司成了陈永栽庞大事业的基石。

1965 年，陈永栽经过缜密的考察，在马尼拉市郊购买了一块土地，创办了福川烟厂。烟厂创办初期，厂房简陋，只有两台二手的卷烟机，主要的产品是薄荷味的"清凉"牌香烟。由于资金匮乏，新产品缺乏知名度，产品销路很差，一度威胁到工厂的生存。他认真地做市场调查，并分析总结菲律宾烟草市场的整体情况：高档烟价格太贵，消费者不多；低档烟质量太差，不能持久留住消费者；中档香烟消费者众多，各阶层都喜欢，价格不贵，又不失身份，生产这类香烟能获得稳定利润。于是他决定投产中档香烟，并要求质量超过其他厂家。经过努力，福川烟厂的产品打开了销路。

没想到，1968 年的一场台风天灾，使刚刚有点起色的福川烟厂大多数设备被毁。陈永栽和工人不分昼夜修建房屋，挑拣被淋湿的烟草，修理被毁坏的机器。

遭受这一打击，陈永栽并不气馁，反而坚定了彻底改变落后制烟设备的决心。他把世界先进的制烟生产流水线和现代化的卷烟机引进菲律宾，并在此后不断引进先进设备，使福川烟厂的设备和技术处于世界先进水平。为了保证产品的质量和工人的技术水平，他还创办了工人培训学校。到 20 世纪 70 年代末，福川卷烟厂已发展成为全菲最大的烟厂，产品占据了菲律宾卷烟市场的七八成，并辐射到中国香港和东南亚各国。1979 年，是福川香烟的鼎盛时期。在当年举行的第 13 届世界巴黎香烟质量评比会上，陈永栽烟厂生产的香烟一举夺得了三枚金牌和一枚银牌。从此，他的福川牌香烟全面打入了国际市场，在欧美、日本、中东的香烟市场上都占有一席之地，陈永栽本人也因此成为名副其实的东南亚"烟草大王"。

此后，陈永栽的事业迎来全面崛起时期，业务范围扩展到银行、酿酒、航空、旅馆等诸多行业。他在 1970 年创设的福牧农场，发展成东南亚最大规模的养猪场；他在 1982 年投资创办的亚洲啤酒厂，成为菲律宾第二大啤酒厂；陈永栽还收购了面临倒闭的通用银行，并将它改名为联盟银行。联盟银行后来在厦门成立全资的分行，成为中国第二家外资银行。1995 年，他以数亿美元收购了菲航 50.5% 的股份，成为有绝对控股权的私人大股东。当时的菲航管理混乱，年年赤字，随时可能给他带来巨额亏损，许多好心人劝陈永栽趁早抛出这"烫手的山芋"。但他说："物极必反，人被逼到墙角就会反弹，发挥出惊人的力量。"抱着这种信念，陈永栽果断地注资 40 亿美元，陆续更新了 40 架飞机，开辟了新航线。与此同时，他还大刀阔斧地进行管理改革，精减人员，提高员工素质。如今，菲航已迈入一个全新的阶段，陈永栽又创造了一个令人难以置信的神话。

陈永栽回顾自己的事业时，这样总结："许多人想知道我'从无到有'的成功秘诀。其实，我与大家没有什么不同，没有什么特别的，有的就是努力工作，面对风险，抓住机遇。"

他还写了一本书《老子章句解读》，把对《老子》的理解融入自己跌宕起伏的人生经历中。"祸兮，福之所倚；福兮，祸之所伏。"在老子的辩证思想的影响下，人弃我取成了陈永栽的经商理念。处变不惊，越挫越勇是陈永栽从古书中悟出的处世态度。

英国医生卡罗林说过这样的话："不要把精力如此集中地放在所涉入的危险和困难上，相反而要集中在机会上——因为危机中总是存在着机会。"

破釜沉舟，置之死地而后生

在商业界，有许多主动"置之死地"而追求大获全胜的例子，这些杰出的人物在困境面前没有抱怨不幸，而是奋起搏杀，最终成就出一番事业。美国企业家休斯拍摄《地狱天使》即是一例，其惊险过程跟电影片名倒是有些吻合。要么跌入地狱，要么升上天堂。

休斯出身于一个富有的石油商人家庭，18岁时，父亲因病去世，他继承了几百万美元的遗产，并接管了父亲的公司。休斯并不是一个花花公子，他既有才华又有志向。20岁时，他决定从事电影业务，并拍摄了一部电影：《阿拉伯之夜》。该片大获成功，曾荣膺奥斯卡喜剧片奖。

休斯信心大振，决定拍摄一部战争加爱情的大片：《地狱天使》。该片讲述的是一次世界大战期间，两位英国飞行员与一位16岁少女之间发生的故事。休斯非常看好这个题材，不惜血本，拿出一半家财，决心将《地狱天使》拍成一部轰动天下的巨片。为了使场面宏大壮观、精彩刺激，他决定采用实人景的方式，为此，他花费巨资，向英国，法国和德国租用各型战斗机87架，聘用飞行员135名，以便逼真地再现当时的战斗场面。

导演里德认为不必如此铺张，采用模型飞机俯冲轰炸，然后坠落燃烧的镜头。这个镜头要求飞行员在飞机俯冲到100英尺时才开始跳伞。这是一个极度危险的动作，没有哪个飞行员敢拿自己的性命冒险，俯冲而下。休斯自己亲自试跳，谁知飞机速度太快，俯冲到 100 英尺时，尚未来得及完成跳伞动作，飞机已一头栽在地上。人们惊呼起来，以为休斯难逃一死。幸运的是，他居然没死，但受了重伤，康复后，脸上留下了一个永久的疤痕。

休斯并未被这次事故吓倒，继续坚持自己的设想，他重金悬赏敢玩命的飞行员，拍摄那些精彩刺激的镜头。结果，有三名飞行员和一名机械师因事故丧生。

两年后，《地狱天使》终告拍成。谁知在试镜时，观众的反应却出奇冷淡。休斯不禁大失所望。

难道就这样发行吗？决不！休斯想要的是一部"轰动天下"的佳作，而不是一部平庸的作品。于是，他毅然决定，重改剧本，另选演员，拿另外一半家财，重新开拍。这意味着，如果此番失败，他就倾家荡产了。所幸，这次的拍摄十分成功，重拍的《地狱天使》果真成为一部轰动天下的超级大片。

在电影业获得巨大成功后，休斯又创办了"休斯飞机公司"，成为名动天下的"飞机大王"。不仅如此，他还创造了多项驾机飞行的世界纪录，被誉为"世纪飞行英雄"。如果按一般人的想法，休斯身为富家公子，又是成功商人，实在没有必要冒倾家荡产的危险，更没有必要冒生命危险。他做出惊世骇俗的选择，追求超凡脱俗的目标，只因为他本来就不是一般人。

波兰名将毕苏斯基说："有被消灭的危险而不屈服者常能胜利，成功之后即不长进者常会失败。"历史常常验证这一结论。为了追求成功而避免失败，最好的办法莫过于脱离安逸的生活而将自己置于危险之中。

德国财经作家、百万富翁博多费舍尔说："一个奋斗者不需要退路，他必须排除万难争取胜利。"当你破釜沉舟，把自己逼到无路可退时，你就没有了左顾右盼，没有了前瞻后顾，你的注意力会被有力地集中起来，爆发出几十倍的威力，从而创造奇迹。

相信自己，任何事情都不能将你打倒，如果你是一个勇者，遇到再大的危机都会勇敢面对，有句话叫作"置之死地而后生"，只要你有排除万难的勇气，再大的困难都不会成为你前进路上的阻力。

学会倾听，相互理解

有的人胆小怕事，有的人脾气暴躁，与这些同事交往显然是相当困难的。因此，有的人开始抱怨对他们表示理解是与己无关的事情，何必蹚这浑水呢？殊不知，理解同事不但可以让我们学会理解，学会承担责任，而且更能够提高与人交往的质量。为了实现这个目标，我们不妨注意以下一些问题。

（1）不要误以为同事反应不佳或心情不好一定是冲着你来的。事实上，有的人心情不好、反应冷淡仅仅是因为出于某种担忧或是因为遭受了某种挫折，而不是因为你做错了什么。当然，如果反应迟钝或态度傲慢的那个人恰恰就是你，那就另当别论了。

（2）你不必无所不知，无所不晓。当同事向你提出一个问题，而你一时答不上来时，你大可坦言相告："很抱歉，这个问题我也不甚了了。这样吧，让我考察一下，然后再告诉你。"接着，再去寻找答案，或找一个能回答这个问题的人。不懂得察言观色，不懂得自圆其说都可能令人感到气恼。

（3）将心比心，循循善诱。我们应该知道，有的人并不关心你是否与他们持相同的观点，相反，他们只是想找个人倾诉衷肠。

（4）不要总是想去说服同事。当同事固执己见而且显然把自己的观点视为最佳方案时，交谈很可能不欢而散。你可以用一些试探性的问题来掩饰自己的不满，并尝试着让他改变初衷。"可以看得出来，您对这种方法十分满意。您认为这种方法的最大优势是什么呢？"或者"如果您不得不采取另一种策略的话，那么您会怎么做呢？"

（5）人们所说的和我们所理解的可能大相径庭。因为我们往往倾向于用以往的经验和现在的假设来揣度这些话语。我们不妨重申同一个话题或者恰当地加以总结来证实一下我们的理解是否正确。你可以将说话者的意思复述一番，然后问他："我理解得正确吗？"

（6）承认给同事造成的不便，重申你的目的。"非常感谢您的合作！我知道检查电脑系统肯定会给您带来许多不便，但是，我们这么做将会为您省去诸多麻烦，让您高枕无忧。"

（7）如果你不得不进入同事的工作空间的话，那么你应该事先通知他们，或者征求他们的意见，请他们予以协助。突然造访或临时通知都将授人以柄，因为这往往被视为不尊重同事的表现。

（8）除非迫不得已，否则不要发号施令。谦恭的语言、谦逊的态度，都可能唤起同事的合作热情。

（9）保持积极的心态来倾听。"他说的这种方法最可取的是什么？"或者"我可以从中学到什么？"这将有助于你保持一种积极的心态。

停止抱怨，你的职场魅力有增无减

如果你不停止抱怨，那么你的职场魅力一定会大打折扣，不仅有损形象，更严重的是会失去人心。处在任何圈，能否赢得同事的心会直接影响你的工作。这些人有很强的号召力，却总是态度谦逊，做事从容，应对得体，从不感情用事。其实，说起来这也并没有什么太多的秘诀，只是他们遵循了做人的原则，掌握了与人良好沟通的技巧。

其实，只要我们为人正直，用心并努力，做个受人欢迎的同事并不是很难的事。根据行为专家的忠告和众多人提供的经验，我们不妨从以下几个方面入手。

（1）乐于从老同事那里吸取经验

那些比你先来的同事，相对来说会比你积累了更多的经验，有机会时不妨聆听他们的见解，从他们的成败得失里寻找可以借鉴的东西，这样不仅可以帮助自己少走弯路，更会让他们感到你对他们的尊重。尤其是那些资历比你长，但其他方面比你弱一些的同事，会有更多的感动。而那些能力强的同事，则会认为你善于进取，便会乐于关照并提携你。生活中常常会看到这样的反例，有些人能力强，可在单位里，自视甚高，不买那些老同事的账，弄得老同事很反感，而这些老同事毕竟根基深厚，方方面面都会考虑他们的意见，结果关键时候你会因此受挫，这不能不引起深思。

（2）对新同事提供善意的帮助

新到的同事对手头的工作还不熟悉，当然很想得到大家的指点，但是心有怯意，不好意思向人请教，这时，你最好主动去关心帮助他们，在他们最需要得到帮助之时，伸出援助之手，往往会让他们铭记于心，打心眼里深深地感激你，并且会在今后的工作中更主动地配合和帮助你。切不可自以为是，把新同事不放在眼里，在工作中不尊重他们的意见，甚至斥责，这些态度都会伤害对方，从而使对方讨厌你。

（3）用自己的性别优势关心异性同事

人们对任何形式的性骚扰都普遍反感，但是如果能利用自己性别上的优势去帮助异性同事，则会得到他们的好感。不能否认，两性各有各的长处，比如男性较有主意，更能承受艰苦劳累的工作，也能更理性地分析并解决问题；而女性呢，则显得比较有耐心，做事细心有条理，善于安慰人等。尽管只是同事，但每个人也渴望得到同事们的关心和理解，若能善于发挥自己的长处，对异性同事多些关心和帮助，如男性多为女同事分担一些她们觉得较为吃力的差事，女性多做些需要细心的工作，多做些美化环境的事。这些并不难，效果却很好，对方对你所给予的关心与支持打心眼里感激，将你视为可以信赖的好同事。

（4）适当"让利"，放眼将来

有些人与同事的关系不好，是因为过于计较自己的利益，老是争求种种的"好处"，时间长了难免惹得同事们反感，无法得到大家的尊重，而且他们总在有意或无意之中伤害了同事，最后使自己变得孤立。而在事实上呢，这些东西未必能带给他们多少好处，反而弄得自己身心疲惫，并失去了良好的人际关系，可谓得不偿失。对那些不大影响自己前程的好处多一些谦让，比如单位里分东西不够时少分些，荣誉称号多让给即将退休的老同事等，再比如与其他人共同分享一笔奖金或是一项殊荣等，这种豁达的处世态度无疑会赢得人们的好感，也会增添你的人格魅力，会带来更多的"回报"。

（5）让乐观和幽默使自己变得可爱

如果从事的是单调乏味或是较为艰苦的工作，千万不要让自己变得灰心丧气，更不可与其他同事在一起怨声叹气，而要保持乐观的心境，让自己变得幽默起来。因为乐观和幽默可以消除彼此之间的敌意，营造一种亲近的人际氛围，并且有助于你和他人相处轻松。消除了工作中的劳累，那么，在大家的眼里你的形象就会变得可爱，容易让人亲近。当然，要注意把握分寸，分清场合，否则会讨人嫌。

生命箴言

只要你以真诚的态度注意从以上几个方面去努力实践，做足同事的人情，同时在工作时保持做人的正义感，做个让人喜欢的好同事，得到一个好人缘。

第四章

停止抱怨，战胜自己

人生是一个不断战胜自己从而达到新的目标的过程。人生要想精彩就要无数次战胜自己。运用自己的正能量，每一天都能战胜昨天的自己，那么每一天你都会成长。因为战胜自己的过程可以使一个人成长起来，战胜自己的过程可以使一个人发掘自己身上的无限潜能，战胜自己的过程可以使一个人意识到自己的重要性……

知道该如何掌控自己

美国《运动画刊》上登载了一幅漫画，画面是一名拳击手累瘫在练习场上，标题为《突然间，你发觉最难击败的对手竟是自己》。这个标题实在耐人寻味。

在剑桥有一名学业成绩优秀的毕业生，去报考一家大公司，考试结果名落孙山。这位青年得知这一消息后，深感绝望，顿生轻生之念，幸亏抢救及时，自杀未成。不久传来消息，他的考试成绩名列榜首，是统计考分时，电脑出了差错，错误得到纠正，他被公司录用了。但很快又传来消息，说他被公司解聘了，理由是一个人连如此小小的打击都承受不起，又怎么能在今后的岗位上建功立业呢？

这个青年虽然在考分上击败了其他对手，可他没有打败自己心理上的敌人，他的心理敌人就是惧怕失败，对自己缺乏信心，遇事自己给自己制造心理上的紧张和压力。

世上没有绝对完美理想的人，当然也很少有绝对不可救药的人，每一个人的性格中都或多或少地存在着上述的矛盾。这些矛盾，在我们遇到一件事情，需要我们采取行动去应付的时候，就往往会同时出现。而当它们同时出现的时候，也就是我们开始彷徨困惑、痛苦不堪的时候。我们怎样决定，完全看这两种矛盾的力量是哪一边能获胜。

战胜自己不是一件容易的事，它需要很大的勇气与坚定的信念。想想看，我们战胜自己的次数多吗？还是时常姑息纵容了自己？

一个人，如果他勤奋，那必定是他战胜了自己的懒惰。懒惰是我们最难克服的一个敌人。许多本来可以做到的事，都因为一次又一次的懒惰拖延，而把成功的机会错过了。

要知道，我们有时痛苦困扰、犹豫不安，那只是因为我们心情上有两种相反的力量在相持不下。让我们明智一点，早做抉择，我们就会觉得生活的面目豁然开朗起来了。

勤奋与懒惰，清醒与执迷，并不是距离遥远的两极，而只是薄薄的剃刀的两面，其间只有一刃之隔。翻过这一刃之隔，便是勤奋与清醒，留在那边，便是懒惰与执迷。要不要翻过，只在短短的一念之间。

如果我们决心清醒，我们便可以清醒；如果我们决心执迷，我们就将继续执迷。这"决心"的实现，不在我们能不能，而在我们肯不肯。

生活充满希望，不要轻易绝望

一支小分队在一次行军中，突然遭到敌人的袭击，混战中，有两位战士冲出了敌人的包围圈，结果却发现进入了沙漠。走至半途，水喝完了，受伤的战士体力不支，需要休息。于是，同伴把枪递给伤员，再三吩咐："枪里还有五颗子弹，我走后，每隔一小时你就对空鸣放一枪。枪声会指引我前来与你会合。"说完，同伴满怀信心找水去了。躺在沙漠中的伤员却满腹狐疑："同伴能找到水吗？能听到枪声吗？会不会丢下自己这个"包袱"独自离去？"

暮色降临的时候，枪里只剩下一颗子弹，而同伴还没有回来。受伤的战士确信同伴早已离去，自己只能等待死亡。想象中，沙漠里秃鹰飞来，狠狠地啄瞎了他的眼睛、啄食他的身体……结果，他彻底崩溃了，把最后一颗子弹送进了自己的太阳穴……然而，枪声响过不久，同伴提着满壶清水，领着一队骆驼商旅赶来。然而，他看到的却是一具尚有余温的尸体……

那位战士冲出了敌人的枪林弹雨，却死在了自己的枪口下，让人扼腕叹息之余不免警醒：不要轻易地对生活绝望，只要我们不放弃希望，不放弃努力，就有获得重生的机会。

有时，面对困难，我们常常退缩，理由是困难太大；面对竞争，常常逃避，理由是对手太强；面对责任，我们常常推卸，理由是担子太重。不错，人生给我们的太多太多，而我们用以逃避的理由也同样太多太多。我们为什么不敢正视这一切？是因为我们无法战胜自己内心的种种怯弱、担忧、自卑以及恐惧！

人的本性注定我们的内心有许多的不坚强；自己往往是最可怕的对手，是最无底的沟，是最看不透的迷雾。为了成功，我们必须战胜自己，自己是通往成功的最后一道屏障。

想想历史上伟大的人物和那些有建树的人们，哪一个不是具有顽强毅力的呢？如果爱迪生因为一次次失败而灰心了，那么他还能成为举世闻名的发明大王吗？如果爱因斯坦因为别人的嘲笑而放弃了自己的信念，那么他还能写出《相对论》，成为诺贝尔奖物理奖的获得者吗？

让我们记住这句话"战胜自己，我便是强者。"当我们遇到挫折或身处逆境，都应该顽强拼搏，有战胜困难的自信和勇气，那才是一个强者，一个谁都打不败的强者。

只有自己才能战胜自己

这个世界上谁是真正能够打败你的人？唯有你自己。

我们奋斗在人生的旅途中，不能轻易服输，相信只要自己努力就没有什么战胜不了的。然而，太多的时候，面对恶劣的环境，面对天灾人祸，面对重重的困难和挫折，我们在心理上首先否定了自己，因而选择了放弃，选择了失败。

古希腊有一位演说家，起初他由于口吃，常常被对手反驳得无还击之力，而遭到别人的嘲笑。也许，有很多人会说这是他自己的能力无法达到的，放弃才是明智的选择，然而，就是这位演说家，每天清晨坚持演说，经过不懈的努力，他成了当时最为著名的演说家。

天生的不足，别人的嘲笑，以及种种的理由，都不是阻碍我们成功的荆棘，唯有自己为了安稳享乐，为了蝇头小利，为了达到暂时的满足，而放弃了坚持、奋争，才会让我们无法成功。

朋友们，我想大家都知道海伦，都知道爱迪生，也知道卧薪尝胆的故事。古往今来，无数的成功者都是对"战胜自己"最完美的诠释。如果我们还在退缩，请快点明白，战胜自己是如何紧迫；如果我们还在犹豫，请看看那些胜利者是如何一步步走来；如果我们已经在向自己挑战，那就要坚持，成功最终会敞开胸怀的！

使人痛苦的原因很多，或者是来自感情生活的挫折或不幸，或者是来自理想追求的挫折，或者是来自丧失亲友的悲痛等。无论由何种原因引起的痛苦，其共同的情绪体验是，陷入情感上的悲哀、矛盾、忧虑而不能自拔。因此，要消除痛苦的情绪，首先必须战胜自己。

让自己陷入痛苦之中，对解决问题无任何好处，反而会使情绪更糟糕。相反，学会劝慰自己，我们就会重新振作起来。

超越自己

人有了信心，就会产生意志力。弱者与强者之间，成功与失败之间最大的差异就在于意志力的差异。人一旦有了意志力，就能战胜自身的各种弱点。

美国有位叫凯丝·戴莱的女士，她有一副好嗓子，一心想当歌星，遗憾的是嘴巴太大，还有龅牙。她初次上台演唱时，努力用上嘴唇掩盖龅牙，自以为那是很有魅力的表情，殊不知却给别人留下滑稽可笑的感觉。有位男听众很直率地告诉她："龅牙不必掩藏，你应该尽情地张开嘴巴，观众看到你真实大方的表情，相信一定会喜欢你的。也许你所介意的龅牙，会为你带来好运呢！"

一个歌唱演员在大庭广众之下暴露自己的缺陷，首先是要用理智说服自己，还要有勇气打败自己。凯丝·戴莱接受了这位男听众的忠告，不再为龅牙而烦恼，她尽情地张开嘴巴，发挥自己的潜能和特长，终于成为美国影视界的大明星。

世界著名的游泳健将弗洛伦丝·查德威克，一次从卡得林那岛游向加利福尼亚海湾，在海水中泡了16小时，只剩下一海里时，她看见前面大雾茫茫，潜意识发出了"何时才能游到彼岸"的信号，她顿时浑身困乏，失去了信心。于是她被拉上小艇休息，失去了一次创造纪录的机会。事后，弗洛伦丝·查德威克才知道，她已经快要登上成功的彼岸，阻碍她成功的不是大雾，而是她内心的疑惑。是她自己在大雾挡住视线之后，对创造新的纪录失去了信心，然后才被大雾所俘虏。过了两个多月，弗洛伦丝·查德威克又一次重游加利福尼亚海湾，游到最后，她不停地对自己说："离彼岸越来越近了！"潜意识发出了"我这次一定能打破纪录"的信号。顿时浑身来劲，最后弗洛伦丝·查德威克终于实现了目标。

蝌蚪恨自己不能像鸟儿一样在陆地上蹦跳唱歌，就努力长出四肢，忍痛割掉自己的尾巴，变成了一只青蛙。这是进步。然而，蛹虫羡慕蝴蝶的飞舞与美丽，脱掉外衣，走出躯壳，却变成了一只祸害庄稼的飞蛾。还有，传说海狮的祖先曾是狮子中的一种，它生长于大山之中，却梦想海洋的生活，终于演变成海洋大家庭的一员，可它往日的威风和凶猛却荡然无存，只留下了几根猫一样的长胡须。这不是生物的进化，而是生物的倒退，这种否定方式是不可取的。

当我们需要勇气的时候，就能战胜自己的懦弱；

当我们需要勤奋的时候，就能战胜自己的懒惰；

当我们需要廉洁的时候，就能战胜自己的私欲；

当我们需要谦虚的时候，就能战胜自己的骄傲；

当我们需要宁静的时候，就能战胜自己的浮躁。

抗争赢得希望

有两个人同时到医院去看病，并且分别拍了 X 光片，其中一个原本就生了大病，得了癌症，另一个只是做例行的健康检查。

但是由于医生取错了照片，结果给了他们相反的诊断，那一位病况不佳的人，听到身体已恢复，满心欢喜，经过一段时间的调养，居然真的完全康复了。

而另一位本来没病的人，经过医生的宣判，内心起了很大的恐惧，整天焦虑不安，失去了生存的勇气，意志消沉，抵抗力也跟着减弱，结果还真的生了重病。

看到这则故事，真的是令人哭笑不得，因心理压力而得重病的人是该怨医生还是怨自己呢？

乌斯蒂诺夫曾经说过："自认命中注定逃不出心灵监狱的人，会把布置牢房当作唯一的工作。"

以为自己得了癌症，于是便陷入不治之症的恐慌中，脑子里考虑得更多的是"后事"，哪里还有心思寻开心，结果被自己打败。而真的癌症患者却用乐观的力量战胜了疾病，战胜了自己。

在不断的生活斗争中，每一个人都会陷入成功与失败的漩涡中，在不断挣扎与抗争中，成功者选择自己拯救自己，失败者相信神会眷顾他，当他这个信念与现实不符时，最终他会选择自我迷茫。

在不断与生活进行着抗争时，只有自己能拯救自己，只要有一丝的抗争勇气，就有一丝的成功希望。

在崎岖的生活之路上，我们需要不断地与环境斗争。更多的时候，人们不是败给外界，而是败给自己。俗话说"哀莫大于心死"，绝望和悲观是死亡的代名词，只有挑战自我，永不言败者才是人生最大的赢家。

工作不顺利时，我们常常会找种种借口，认为是领导故意刁难，把不可能完成的工作交给自己，认为最近健康状况欠佳，才导致效率不高……心想偷懒，还把偷懒理由正当化，总认为期限还有三天，明天、后天再拼，今天不妨放松一下。

实际上，战胜困难要比打败自己相对容易，所以有人说："'我'是自己最大的敌人。"战胜自己靠的是信心，人有了信心就会产生力量。

人与人之间，弱者与强者之间，成功与失败之间最大的差异就在于意志力的差异。人一旦有了意志的力量，就能战胜自身的各种弱点。

充满激情，收获乐观和快乐

人基本上可以分为两种：乐观的和悲观的。平庸的人往往缺乏自信，而不相信自己。看不起自己的人，对自己的前途一般都会感到悲观失望。

这些人往往会为自己吃不开寻找一个开脱的理由："我的运气不好""我没有一个好爸爸""我家住在黄土高坡"。久而久之，甚至对自己也产生了怀疑："我不太精明""我不够漂亮""我不够好""谁都比我强""我这辈子可惨了"。对自己的蔑视，是成功与失败的一道分水岭。

人只要产生了以上这种悲观失望的情绪，那么他对生活，对工作就会缺乏兴趣和激情，而激情又是催人奋发向上的一种动力，一个人在社会上有没有作为，和他有没有激情密不可分。

激情兴于斗志。日本人有一个值得我们大家学习的地方，就是每天上班前，对着镜子从容自信地大声说："我是最棒的！"

然后走向岗位，一天的精神备受鼓舞。现在很流行的蹦极跳也同样可以激发人的胆量和气度，一个人从百丈高的悬崖往下跳的时候，一定可以体验到死亡逼近的轮回和生死的极度快感。

如果一个人悲观失望，成天无精打采、心神恍惚，即使并没有受到重大打击，也难得看到他眉飞色舞的样子，更别指望他能感染旁人。他总是按部就班，很难出大错，也绝不会做到最好。这样的人，能想象他冒风险，顶压力，克服种种困难，领导一个团队创业成功吗？

没有激情就无法兴奋，就不可能全心全意投入工作，不可能创造性地解决工作中的难题，更不可能有创业的力量和勇气，要成为团队的领袖，更是妄想。

可以说缺乏激情的人，如果他的生活不景气，那就是命中注定的。

有困惑并不可怕，怕的是找不到钥匙而变得心凉；在情感的路上遇到挫折并不可怕，怕的是因此而变得意志消沉；遇到天灾人祸时并不可怕，怕的是因此而沉溺。只要我们有激情，只要有信心，再大的困难也阻挡不住前进的脚步，因为我们有一颗激情燃烧的心！

为自己喝彩，我是最棒的

有一位美国作家，他是靠着为报社写稿维持生活的。他给自己定了一个目标。每周必须完成两万字。达到了这一目标，就到附近的餐馆饱餐一顿作为奖赏，超过了这一目标，还可以安排自己去海滨度周末，在海滩大声为自己鼓掌、喝彩。于是，在海滨的沙滩上，常常可以见到他自得其乐的身影。

美国作家劳伦斯·彼得曾经这样评价一些著名歌手：为什么许多名噪一时的歌手最后以悲剧结束一生？究其原因，就是因为，在舞台上他们永远需要观众的掌声来肯定自己，需要别人为自己喝彩。但是由于他们从来不曾听到过来自自己的掌声和喝彩声，所以一旦进入自己的卧室时，便会倍觉凄凉，觉得听众把自己抛弃了。他的这一剖析，确实非常深刻，也值得深省。

我们鼓励所有人给自己鼓掌，为自己喝彩，绝不是叫他自我陶醉，而是为了让他强化自己的信念和自信心，正确地评估自己的能力。

当我们取得了成就，做出了成绩或朝着自己的目标不断前进的时候，千万别忘了给自己鼓掌，为自己喝彩。当我们对自己说"你干得好极了"或"真是一个好主意"时，我们的内心一定会被这种内在的诠释所激励。而这种成功途中的欢乐，确实是很值得我们去细细品味的。

人生来就需要得到鼓励和赞扬。许多人做出了成绩，往往期待着别人来赞许。其实光靠别人的赞许还是不够的，何况别人的赞许会受到各种外在条件的制约，难以符合我们的实际情况或满足我们真正的期盼。如果要克服自卑感，增强自己的自信心和成功信念，那么就不妨花些时间，恰当地自己为自己喝彩。

一个不信任自己的人，一个悲观处世的人，一个只是把自己取得的成绩当作侥幸的人，不可能成为成功者。生活中，一个成功者善于爱护和不断地培育自己的自信心，这些人懂得如何"给自己鼓掌"。

第五章

抱怨是心病，"忍"字来治愈

从任何一个角度讲，抱怨都只有消极的影响。在职场中，我们需要忍。忍小谋大，暂时的忍让是一种大智慧，是为了以后成就大功业的大谋略。

学会"忍"

遇事心急气躁的人不会把事情处理得稳妥得当，相反，心态平和、遇事冷静的人则会处理得很好。应对复杂形势应该像面对政务危机那样，必须保持清醒的头脑，仔细计划，忍小谋大。过于忍让，犹豫不决而贻误战机，也是不可取的。忍要忍得恰到好处，不能失了分寸，果断决策，见机行事便是恰到好处的具体解释。中国有一种扑克牌游戏叫作"斗地主"，其中"地主"的精髓在于"忍"，很多斗地主的高手都知道这个道理，并烂熟于胸。总有时候对手会给你上手的机会，"忍"时常会逆转战局。

2006年，德国世界杯终于结束了，大力神杯被意大利人高高捧起。这样一种结果，与法国队队长齐达内在加时赛中被红牌罚下是不无关联的。比赛的前110分钟，齐达内充当着上帝的角色，令比赛一直难分胜负。马特拉齐一句恶语如毒刺般刺进齐达内最敏感的那根神经，打到了他的七寸，终于激怒了在球场上表现出色的齐达内。齐达内因为马特拉齐的一句恶语而撞倒了他，最终被红牌罚下场。一代巨星齐达内，就这样黯然退出赛场，以这种悲壮方式告别了自己的足球生涯，无法实现自己再夺世界杯的心愿。绝对没有人会想到齐达内会以这样的方式告别世界杯，本来他应该可以以王者的姿态留下，以更完美的方式离开。作为一个血性男儿，在那一刻他没有把持住自己冷静的头脑，从而演绎了小不忍则乱大谋的悲剧。

"小不忍则乱大谋"已经成为一些人用以告诫自己的座右铭。有志向、有理想的人，不应斤斤计较个人的得失，更不应该在小事上纠缠不清，而应有开阔的胸襟和远大的抱负。只有这样，才能成就大事，从而实现自己的梦想。在职场中，往往有很多表面上看起来是吃亏的事情，实际上则是一个实现自己目标的很好突破口。比如，工作的调动，环境的变迁，等等。面对这些事情，我们应该做到泰然处之，看这些事情对自己的长远发展是否有利，而不去盲目地做一个有勇无谋的匹夫。"小不忍则乱大谋"，心胸开阔，目光放远一些，学会"忍"。

面对中伤，保持冷静

在 20 世纪 60 年代的美国，有一位很有才华、曾经做过大学校长的人，竞选美国中西部某州的议会议员。此人资历很高，又精明能干、博学多识，唯一的不足就是遇到不好的事情总是爱生气、发火，不过总体看起来他还是很有希望赢得选举的胜利的。但是，糟糕的事情还是发生了。在选举的中期，有一个很小的谣言散布开来：三四年前，在该州首府举行的一次教育大会中，他跟一位年轻女教师有那么一点暧昧的行为。

这实在是一个弥天大谎，这位候选人对此感到非常愤怒，并尽力想要为自己辩解。由于按捺不住对这一恶毒谣言的怒火，在以后的每一次集会中，他都要站起来极力澄清事实，证明自己的清白。其实，大部分的选民根本没有听到过这件事，但是，现在人们却越来越相信有那么一回事，真是越抹越黑。公众振振有词地反问："如果他真是无辜的，为什么要百般为自己狡辩呢？"这位候选人听到以后，更加地气愤，情绪变得异常糟糕，也更加气急败坏、声嘶力竭地在各种场合下为自己洗刷，谴责谣言的传播。然而，这却更使人们相信谣言的真实性。最悲哀的是，连他的太太也开始转而相信谣言，夫妻之间的亲密关系也被破坏。

最后他竞选失败了，从此一蹶不振。

在这个故事中，这位候选人因为没有冷静地对待这件本来很小的事情，而成为他竞选的最大阻碍。可见，在小事上需要有忍的态度和修养。

人们在生活中有时会遇到恶意的指控、陷害，甚至经常会遇到种种难以忍受的恶语中伤。遇到这些不如意的事情，如果我们不能保持冷静的头脑，暴跳如雷，大动肝火，结果只能像上面故事中讲的一样，把事情搞得更糟。克制自己的愤怒情绪，只有冷静，才能让你保持清醒，想出真正解决问题的办法。

忍一时，成就一世

很多人在工作中都会遇到一些不如意、不顺心的事情，在这种情况下，大多数人都会选择离职，或因是否离职而犹豫不定，他们认为别的公司都是理想的。殊不知，再好的公司也很难使人有"完美无瑕"的感觉。一旦发现新公司并不是自己所想象的那样，定会重蹈覆辙，永无休止地徘徊在求职和离职之间。

有家公司的老总是一位女性，在工作中，她对网站的专业知识不是太懂。小李在帮一个客户做网站时，因为这个客户很重要，老板就亲自监工。但是她在一旁的指手画脚让小李无所适从：听吧，不专业；不听吧，人家可是老板。结果那个网站做得是一塌糊涂，老板便把工作中出现的错误全部归结到了小李工作不认真上，小李也没办法，只好"哑巴吃黄连"有苦难言。

经过这次的教训后，再有其他的工作任务时，小李就拒绝了老总的瞎指挥，做出的东西客户们都很满意。两个月后，老板就给小李加了薪。

如果小李第一次受气的时候就提出离职的话，那肯定也就没有了后面加薪的出现。

在职场中，不要去计较一城一池的得失，更切忌冲动和无所顾忌，将大量的时间和精力浪费在不满上。如果站在不同的角度来剖析工作中存在的问题，认真挖掘其内在的真正原因，你会发现，你的工作会有很大的转变，既拥有了自己的发展空间又增强了别人对你价值的肯定，何乐而不为呢？

一个人无论在什么时候都要能屈能伸，不可计较一时的得失。当你意气用事的言行举止越来越少时，那么你成功的机会也就越来越大。只有在小事上能忍的人，才会摘得成功的果实。只有努力摒弃工作中的愤愤不平，在追求幸福和成功的路上才会少些崎岖，多些平坦。

沉稳忍让之心不可少

古之成大业者，必有沉稳忍让之心。沉稳忍让之心乃是成大业者之根本因素，如果没有这种心态，要想成功，恐怕会很难的。

有一天，张良来到一座桥上，遇见一位老人。老人的鞋子正好掉到了桥的下面，他以命令的口吻叫张良下去捡鞋，然后再给他穿上。张良很听话地把鞋捡上来，并且跪着给老人穿上，一点也没有生气的样子。老人看到张良心地善良，而且有忍让之心，就指着桥边的大树说："五天以后，在那里等我，我有东西给你。"

张良知道这个老人不同寻常，所以便按约定的日子去了，可是老人早已等候在那里，指着张良，生气地说："你这个小孩子和长者约会，为何迟到？五天以后还在这里等我。"

第二次，张良不敢怠慢了，半夜就到了约会的地点。结果又迟到了。老人把张良又痛骂了一顿，让他五天以后再来。

第三次，张良再也不敢迟到了，约会的前一天就赶到了那里，并一直等候着。老人来到，见到张良非常高兴，说："孺子可教也。"

于是就送给张良兵书一部。据说，这部书就是《太公兵法》，而那位老人就是有名的兵法大师：黄石公。

后来，张良帮助汉高祖刘邦打天下，成为运筹帷幄、决胜千里的著名谋士，与其说得力于这部兵书，不如说得益于他的那种处世方式。

"人在失意之时，要像瘦鹅一样忍饥挨饿，锻炼自己的忍耐力，等待机会到来。"这就是养鹅曾经给台塑董事长王永庆带来的重要启示。

抗战时期，日寇铁蹄下的台湾由于粮食不足，鹅饲料也更是缺乏。因此，只能让它们在野外吃些野草。如果正常喂养，鹅养四个月左右，就有五六斤重。可是，当时养的鹅，由于只吃野草，四个月下来，瘦得皮包骨头，只有两斤重。

王永庆买下了许多的瘦鹅，然后用包心菜的叶子喂它们。结果两斤重的瘦鹅，经过他两个月的用心饲养，重达七八斤，非常地肥。究其原因，是因为瘦鹅具有强劲的生命力，不但胃口奇佳，而且消化力极强，所以，只要有东西吃，它们立刻就肥起来了。

在快节奏的现代社会里，什么都讲究快速。放眼望去，吃的是快餐，读的是速成班，走的是捷径，渴望的是一夜暴富。在这样的一个社会里，人们更应该学会忍让之术，这可以让你在忙碌的生活中少生一点气，多一分平和的心态。事业上，多一分忍让，就多一分成功的概率。所以一时的忍让，可以成就你一生的事业。

屈辱而愤，愤则兴

漫漫人生路，有太多的不如意，退一步是海阔天空，也是一种雅量，更是一种能忍的标志。守端禅师的师父是茶陵郁山主，有一天禅师骑驴子过桥，驴子的脚陷入桥的裂缝，趔趄了一下，禅师摔下驴背，忽然感悟，吟了一首诗："我有神珠一颗，久被尘劳羁锁。今朝尘尽光生，照见山河万朵。"守端很喜欢这首诗，牢牢地背下来。有一天，他去拜访方会禅师。方会问他："你的师父过桥时跌下驴背突然开悟，我听说他作了一首很奇妙的诗，不知道你还记得吗？"

守端不假思索，完整地背诵出来。等他背完了，方会哈哈大笑，笑完之后就起身走了。守端愕然，想不出是什么原因。第二天一大早，他就赶去见方会，问他为什么大笑。方会问："你见到昨天那个为了驱邪演出的小丑了吗？""我见到了。"方会说："你连他们的一点点都比不上呀。"守端听了吓了一跳说："师父什么意思？"方会说："他们喜欢人家笑，你却怕人家笑。"守端听了，当场就开窍了。

如果你不能接受一次嘲笑，将会受到别人更多的挑剔和攻击。人生中如果你不能忍一时之痛，那么你的痛苦将是长久的。其实，人生的各种境遇，都是我们学习的功课。有人能处逆境，却未必能处顺境。一个人将用什么样的心态，面对自己所处的环境，这就要看他"忍辱"的功夫做得够不够。听说在监牢里被关押十几二十年的犯人，很多是带着满腔恨意出狱的。所以，出狱以后往往会变本加厉，犯下更大的罪案。在佛经里，"忍辱"是佛家奉行的"多波罗蜜"之一，其含义是很丰富的。挫折、打击固然要忍，成功与欢乐也要忍。一般人受到冤屈挫折，心理上总是愤愤不平。然而，正因为愤恨难消，痛苦煎熬也如影随形、挥之不去。如果把打击你的人看成来感化你的菩萨，谢谢他给你锻炼自己、提升自己的机会，心里没有怨恨，自然不会感到痛苦。有几位智障儿的家长说，经过漫长的岁月，他们已经能在照顾孩子的艰苦和磨难当中，慢慢体会到自己的心都被打开来了。

在逆境中忍辱负重、蹒跚前行，这个道理大家都明白，而在事事顺利、飞黄腾达的时候也要"忍辱"，恐怕就不容易理解了。"春风得意马蹄疾，一日看尽长安花"，许多人在失意的时候还能刻苦自励，一旦春风得意，就放荡起来了，得意忘形，言行举止失了分寸，灾难祸害很快就随之而来。所以要居安思危，成功要忍，欢乐也要忍。屈辱，可以成为泯灭一个人理想之火的冰水，也可以成为鞭策一个人发愤成功的动力。要知道受屈辱是坏事，但也能变成好事。心理学家认为：人有三大精神能量源——创造的驱动力、爱情的驱动力和压迫、歧视的反作用驱动力。屈辱就是一种精神上的压迫，它像一根鞭子，鞭策你鼓足勇气，奋然前行。记得一位先哲说过，无论怎样学习，都不如他在受到屈辱时学得迅速、深刻、持久。屈辱使人学会思考，体验到顺境中无法体会到的东西；它使人更深入地去接触实际，去了解社会，促使人的思想得以升华，并由此开辟出一条宽广的成功之路。善于从屈辱中学习，实在是成就自己的一个重要因素。可是，要把屈辱变成成功的动力，并不是件容易的事。不论何时，都要高悬理想的明灯，树立起坚强的精神支柱，抡起行动的巨斧。只有如此，才能步入成功之旅。当你受到屈辱时，愤则兴，兴则进。

忍在羽化成蝶时

有个小孩在草地上发现了一个蛹，他捡回家，要看蛹如何羽化成蝶。

过了几天，蛹上出现了一道小裂缝，里面的蝴蝶挣扎了好几个小时，身体似乎被什么东西卡住了，一直出不来。

小孩看着这只蝴蝶费力地挣扎，于心不忍，心想：我必须助它一臂之力。于是，他拿起剪刀把蛹剪开，帮助蝴蝶脱蛹而出。可是蝴蝶的身躯臃肿，翅膀干瘪，根本飞不起来。

小孩以为几小时以后，蝴蝶的翅膀会自动舒展开来，他就慢慢地等待着。可是数小时过后，他的希望落空了，一切依旧，那只蝴蝶注定要拖着臃肿的身躯与干瘪的翅膀，爬行一生，永远无法展翅飞翔。

每一个生命的成长都充满了神奇与庄严，瓜熟蒂落，水到渠成；蝴蝶一定得在蛹中痛苦地挣扎，一直到它的双翅强壮了，才会破蛹而出。

"拔苗助长""欲速则不达"，这是生活总结出的真谛。煎熬、磨炼、挫折、挣扎，这些都是成长必经的过程。

人们在做事之前的忍，在某种程度上，与蛹中的蝴蝶有相同的地方，也是以不变应万变，等待时机，一旦时机真的来了，成功则会如影随形。

到 1985 年年底快餐王国麦当劳总共卖出了 600 亿个汉堡，如果一个接一个排在一起，从地球排到月球，来回可绕七圈。大家可能不知道，这个庞大企业的创办人雷·克洛，他在1954年创业时，已经52岁了。他年过半百，一身是病：他割掉了胆囊，罹患糖尿病与关节炎，甲状腺还有肿大的现象。

当时雷·克洛正到处推销一种奶昔拌和器，此种机器可同时做出六份奶昔。有一天，一个酒吧老板告诉他，在加州圣贝纳予奴有一家麦当劳兄弟汉堡店，一口气订了8个奶昔拌和器，也就是说一次必须供应48杯奶昔。雷·克洛心想：哇！一次供应48杯奶昔，生意真好，真是闻所未闻，我一定要去看看。

不久，他就去参观麦当劳汉堡店，他不只看到了这家店的作业流程，而且看出了这门生意连锁经营的潜力。当时麦氏兄弟在加州已有十家连锁店，但无意再扩大经营。雷·克洛以三寸不烂之舌说服他们让他去推销连锁店。

六年后，麦氏兄弟有意退休，雷·克洛以250万美元买下了整个麦当劳企业，而后逐步扩大，缔造了今天的麦当劳王国。

俗话说："不怕慢，只怕站。"对于那些慨叹时不我待的人，雷·克洛是个最好的榜样。不管是生活中还是职场中，只要有忍辱负重的韧性，什么事都不嫌太迟，努力坚持，总会有成功的那一天的。

收起硝烟，体现风度

职场生涯中，面对工作的调动、环境的变迁等这些看似不如意的状况，一个有志向、有理想的人，总是能够泰然处之，不会在这种小事上纠缠不清，更不会意气用事去逞匹夫之勇。

李强在公司工作有两年了，其工作和处事能力都是无人能及的。但却有个坏毛病，就是性子太急，做什么事都风风火火、心急火燎的。

公司的发展很顺利，刚在外地成立了一个分公司，李强被委以重任，全力负责分公司的市场开发。这个消息在别人听来可能是个好消息，但李强一听，心里就不爽了，自己在公司任劳任怨两年之久，竟被扔到一个穷乡僻壤去开发市场，心里有说不出的难受与委屈。为此公司经理还特意找他谈心，说分公司的开发只是暂时的，等一切就绪后就会调他回来，可他还是毅然辞职离去。他离职后不久，分公司就交给另一个人去打理了，分公司发展得一帆风顺，才半年就又调回了总公司，而且还升了职。可这一切都与李强无关了。

事实上李强职场不得意的后果，严格来说，是因为他自己急躁的性格。

一个人遇到他所不乐意的事情时，就会产生这种消极的情绪，它阻碍着一个人意志行动力的施展，也逐渐地在销蚀着人的耐心和意志力。

忍即是德。有句古语说，忍一百遍能使家庭和睦，若能再多则会得到幸福与成功。一个人的心理素质决定着一个人的命运。由于职场的压力大与节奏快，加上不可避免的政治背景，人很容易产生急躁的情绪。大发雷霆、出言不逊、得理不饶人，甚至拳脚相加，这些都会让你平日里的出色形象毁于一旦。经常耐不住性子、爱发火的人，同事会对你敬而远之，老板会认为你心理素质不过关，重要工作交给你定会出事。所以，情绪化的员工常会得不到老板的器重，高升的机会会很少。要知道，职场和家庭是不一样的，不容许你有半点失态。即便你有天大的委屈，再大的不满，也要强行按捺住，收起自己的硝烟之火，体现出自己的风度来，哪怕你回家后大哭一场，现在的你，也要微笑面对职场中的一切。

真正优秀的职场人士，除了具备娴熟的工作技能外，还要有成熟的心理素质，不管在任何情况下都能克制自己的怒火，给人留下温和稳健的印象，这也是优秀职场人所应具备的修养和表现。

第六章

消除了抱怨，你的人气才会高

一个人缘好、有声誉的人，肯定是一个不随便抱怨的人。而这种人凡事都可以轻而易举地办成。反过来，那些自以为是的人就可能怀才不遇、处处碰壁。虽然有的人好像天生就有处世能力，他们总能在事业上找到成功，在经济上找到财富。不过，大多数人并不是天生就有这种受人欢迎的个人魅力，他们需要付出许多努力来培养这种受人欢迎的个人魅力。

好的人缘就是生产力

在"公司"里上班，会为我们带来许多与他人交往的好机会。我们为什么不利用这种好机会呢？通过工作与人认识之后，你应该充分地发展你们之间的人际关系，使这种人脉对你的将来有很大的帮助。

例如：被客户的老板挖墙脚，而到对方的公司去担任重要职务；担任营业员期间，受到客户的赏识，而成为代理店的经理人；企划能力和营业能力被同行的老板赏识，而被挖脚。这些情况在职场屡见不鲜。

无论你是干哪一行的，人际关系都是极其重要的。因此从踏入职场的第一天起，就要有意识地培养、构建自己的关系网。有时候似乎无用的人也会发挥神奇的作用，所以不能随意放过任何一个关系。

很多人都以为跳槽后，就可以与原单位道声"拜拜"，一走了之，"挥一挥手不带走一片云彩"，这样做起来看似洒脱，其实你会无意之中丢失了许多让你今后受益的东西。因为你在一个单位工作过一段时间，可能你所得不多，但与不少的同事毕竟有种亲近感，甚至是好朋友，他们说不定在以后会对你有所帮助，你不妨把他们加入你的人力资源库。所以在你跳槽高就时，不妨珍惜这一机缘，而不要丢弃这份宝贵的财富。

要认识到在现代竞争社会里，拥有丰富的人力资源有助于你的事业运转自如，所以每当我们跳槽时，要有保护自己人力资源的意识，从过去的工作里掏出属于你的"金子"来。这样的话，你过去的时光就没有白白浪费，你即使是空着两手走出原单位的大门，但你已经带走了一份很有价值的财富。

建立好公司内部的关系网，其中很重要的一条就是要主动参加公司的各项活动。如果你想接近某个同事，了解这个集体，最好的办法也许就是参加公司组织的各种活动，比如会餐、郊游、野营等。在那里，人们会脱下紧绷绷的外壳，在相对放松的状态下讲述自己的苦乐，你会听到真实的抱怨、真诚的赞誉、客观的评价。你也会发现谁和谁走得近，谁和谁走得远。只要你摆正心态，具备明辨是非的基本能力，你就会发现谁可能成为你的朋友。

当人们在办公室里忙碌奔波时，人们的思想与活动大都被严格地禁锢在本职工作的范围之内。当人们走出写字楼，到一个全新的环境中。就会发现原来需要放松的并不只我一个。我们会听到许多工作中听不到的东西，即使与我们并无利害关系，只要有机会，我们还是会有兴趣地仔细聆听。与同事闲聊可以帮你跳出平常的一亩三分地，让你对公司有个更为全面的了解。

工作上的交往并不是私人的交往。而如果从工作上的交往发展为私人关系也是很不好的事情。在职场中每天见面，一起工作，从而可以非常了解这个人的人格，从而可以走得更亲近。

阿彤在大学里学的是新闻，目前在一家广告制作公司任职。在公司的客户名单中，有一些是本地非常大的集团，每年的广告投入非常庞大。阿彤明白，这些客户资源是非常宝贵的。在和这些高端客户的交往中他不仅仅掌握各客户对广告的要求和一些广告制作的流行趋势，而且也有意识地和他们建立了不错的交情。他积极地参加客户公司的互动活动，争取一切和他们增加情谊的机会。

公司的老总和一些同事在广告方面做得非常出色，他们在未来必将有更大的作为。于是，在加强"外交"的同时，阿彤也非常注重和"内部人士"的沟通。因为他相信日久见人心，现在的真心付出，会博得恒久不变的和睦关系。

这样的广告公司，人员的流动性很大，阿彤并不期望在这里长久地待下去。但是他明白，"人缘也是生产力"，良好的人缘和庞大的交际圈，会给未来的事业开拓注入强大的支持。

人缘也是生产力，这句话说得一点没错。今天的努力会在明天收获丰硕的成果，良好的人际关系也是实力的积累。所以，对内对外都要保持良好的关系。这是人格魅力的展现，也是积蓄资源的最好方式。

做人要求真，才能受欢迎

社会上不乏虚伪之人。他们把真诚的技巧看成是蒙骗对方并谋取私利的一种手段。历史上那些打算给正直的君王戴高帽子的奸臣，正是因为伪装成一副正人君子、心口如一的样子，其见不得人的勾当才能得逞。但是，虚伪、伪装的东西是绝对经不起时间的检验的，迟早会被人所识破。所以，一个人若染上了这种毛病，也就注定了他命运的失败。

做人要求真。我们之所以追求代表真实的人和事物，因为它代表着最崇高的美德——诚实与正直。

美国著名的行为科学家丹尼斯·韦特莱博士说，"所谓'因果定律法则'，无非是一个人的诚实与否，经过一段时间后所显示出来的结果。"一个人不能诚实地面对自己，就无法真正拥有成功。用蜡塑成的人或房子，在某些情况下会融化，内心不诚挚的人，最终必将显露真面目。而一个人愿意把自己隐藏在内心深处的东西坦白地暴露给对方，就能很容易地走进对方的心灵深处。

大三下学期，甘伟找了一份家教工作，辅导一个公司经理的儿子。

每次上课之前，他都像老师一样，一丝不苟地备好课，认认真真地写教案。上课时间，不管刮风下雨，烈日酷暑，他都准时到达，从不延误。室友见他这么认真负责，都猜想他得到的报酬一定十分丰厚，没想到他说每小时才 12 元钱。大家一听，个个迷惑不解。有人说："你怎么这么傻？教高三课程，每小时最少得 20 块钱。"

"这我知道，"甘伟平静地说，"但我觉得拿 12 元钱比较合理。如果家教效果不好，我也不好意思拿那么多钱。如果效果好，就当作我的一次社会实践。"

"她父亲是大经理，钱有的是，你有必要搞扶贫助教吗？"又有人劝告他。

"话虽这么说，但我是以一个大学生的身份去做家教，我首先就必须对得起大学生这个光荣的称号。如果我敷衍了事那就损害了大学生的形象。"甘伟仍不改初衷。

在此后三个月里，甘伟为他的学生精心设计复习方案，耐心讲解辅导。他的学生也很争气，成绩逐步提高。

甘伟毕业后，被那个学生的父亲邀请到其公司工作。因为这位经理说公司需要甘伟那样不计回报、诚实做人的大学生。

本杰明·富兰克林说："一个人种下什么，就会收获什么。"我们如果真诚地对待别人，别人也会真诚地对待我们。

真诚是财富，真诚是最宝贵的财富。在这方面进行投资的人，可以获得丰厚的回报。不是每一个人都可以成为一个富人或一个伟人，但是每个人都必须做诚实的人。

和人接触，需要你的亲和力

某些人的人缘特别好，特别会吸引朋友，讨人喜欢，即使是第一次与人交往。这到底有什么秘诀？

对于这样的人，你不禁感叹地说："他把人吸引到自己身边了！"

这真是一句妙词，一语而言中。

人并非强迫他喜欢谁，他就喜欢谁。

也有这样一种人，也许他是我们当中最优秀的。但是我们不见得会愿意与他深交。如果要问理由，那只有一个：和他在一起觉得不自在。因为他所散发出来的优秀气势，让我们感到某种距离，感到某种压抑，感到自卑。不论这个人如何杰出，人们也会对他敬而远之。

下面列举的，是一般正常人所共同需要的三大基本渴望。利用这三种方法，就能提高你的吸引力、亲和力，让你获得好人缘。

1. 容纳

容纳是人际关系的维生素。

每个人都希望自己完完全全地被接受，希望能够轻轻松松地与人相处。

在一般情况下和人相处时。很少有人敢于完完全全地暴露自己的一切。若是能让我们轻松自在、毫无拘束。我们是极愿和他在一起的，也就是说，我们希望和能够接受我们的人在一起。

专门找人家错处而吹毛求疵的人，一定不是个好亲人、好朋友。请不要设定标准叫别人的行动合乎自己的准则。请给对方一个自我的权利，即使对方有某些自己不喜欢的行为也无妨。

别要求对方的态度完全符合自己的喜好，别要求对方的行动完全符合自己的要求。要让你身旁的人轻松自在。

一个原本脾气暴躁、动作粗鲁的人，在不知不觉中却变成了一个和善、可靠的市民，问他原因，他回答说："我的太太信赖我。她从不责备我，只是一味地相信我，使我不好意思不改变。"

某位心理学家说："要改变一个任性或残暴的人，除了对他表示好意，让他自己改变之外，再也没有其他更好的方法了。"

很多优秀的人往往能影响本质善良的人，接受他们，使他们更好。但是对于任性、残暴的人，他们往往束手无策。为什么呢？

因为优秀的那群人根本不能接受粗暴的人，甚至于避之如蛇蝎，在感情上并不相通，这怎么能想象对方变好呢？一位有名的精神科医生谈到人际关系中的容纳问题时，他认为："如果大家都有容纳的雅量，那我们就失业了！精神病治疗的真谛，在于医生们找出病人的优点，接受他们，也让病人们自己接受自己。每个人刚生下来，都很轻松自在，同时暴露出恐惧与羞耻心。医生们静静地听患者的心声，他们不会以惊讶、反感的道德式的说教来批判。所以患者敢把自己的一切讲出来，包括他们自己感到羞耻的事与自己的缺点。当他觉得有人能容纳、接受他时，他就会接受自己，有勇气迈向美好的人生大道。"

2. 承认

每个人的第二渴望就是获得承认。

承认比容纳更深一层。容纳，实际上是消极的做法。我们容纳对方的缺点与短处，伸出热情的双手接受他们，这只是消极的做法。倘若是积极的做法，就是找出对方的长处加以赞扬而对对方的缺点忽略不计。

人们都喜欢沐浴在承认的温馨之中。

有一天，一位父亲带着自认为是无可救药的孩子到心理学家那里去。那个孩子已经被严重灌输了自己没有用的观念。刚开始，他一语不发，怎样询问、启发，他也绝不开口。心理学家一时之间也真是无从着手。后来心理学家从他父亲所介绍的情况和所说的话里找到了医治的线索。而他的父亲坚持着说："这个孩子一点长处也没有，我看他是没指望，无可救药了！"

心理学家开始应用承认的方法，找出他的长处——孩子不可能没有任何长处。最终他找到了这个孩子喜欢雕刻，甚至可以说在这方面具有很高的天赋。他家里的家具也被他刻伤，到处是刀痕，常常受到惩罚。心理学家买了一套雕刻工具送给他，还送他一块上等的木料，然后教给他正确的雕刻方法。不断地鼓励他："孩子，你是我所认识的人当中，最会雕刻的一位。"

从此以后，他们接触得频繁起来。在接触中，慢慢地找出其他事项来承认他。有一天，这个孩子竟然不用别人吩咐，自动打扫房间。这个事情，使所有的人都吓了一跳。心理学家问他为什么这样做？

孩子回答说："我想让老师您高兴。"

看来，被人承认是每个人所渴求的，而其实要满足这个欲望并不难。

你对一位电脑专家夸他眼光好，夸他善于看穿行情，洞穿下一步电脑发展的趋势，他可能不以为然，觉得你不过是在拍他的马屁而已。因为他并非只以一个成功的电脑专家自居。不过，换一个角度，你夸他做的家常菜十分有味道，也许他会乐昏了头。

称赞人的规则是：夸奖别人还没有显现出来的长处，才能使人快乐。每一个人一定都拥有不大为人所知的优点。为什么我们不去发掘这些尚不为人知的方面呢？

3. 重视

第三个渴望就是受人重视。

所谓的重视，就是提高价值。我们都要求别人能够重视自己的价值。

请别忘记人是世界上最尊贵、最重要的。为了表示我们对人家的重视，请注意以下的四种方法：

不要怠慢人；

对于不能立刻会面的拜访者，应尽早约他会面；

时时感谢别人；

对人"特别"招待。

美国前邮政部长詹姆士·法利是亲和力强、重视别人的人之中的一个杰出代表。那是发生在费拉德菲尔城举办的一次"读书和读者"会上的事。当法利先生和其他演讲者到宾馆去吃午饭的时候,他们在走廊遇到了推着餐车的女服务员,餐车上装载着桌布、毛巾和其他用具。他们绕过餐车走了进去,这位服务员丝毫没有注意到他们。这时,法利先生向她走了过去,并且伸出手说:"嗨,你好,我是詹姆士·法利。能告诉我你的名字吗?很高兴认识你。"

当这群人走过大厅的时候,一些人回过头看了看那位女孩,她嘴巴张得大大的,显得十分惊讶,但是,她的脸上立即绽开了甜美的微笑。

这是一个在现实生活中取得成功的人士,在社交场合中平易近人,善于营造舒适、自然、轻松气氛,拥有良好的人际关系的绝妙的例子。

每个人都认为自己是个独特的个体,是个"特别"的东西。所以我们要注意这点,承认每个人的独特的价值,然后给予重视,自然会赢得别人的真心微笑与亲近感。

卸下伪装,对人要真实

在现实生活中,有的人喜欢搞点花样摆门面,装出一副城府深的样子来唬人,借此表示自己比别人更"特殊"、更"高明"。这种人不管怎样故弄玄虚,别人一眼也能瞧出他究竟有几斤几两。他们越是摆谱越容易招致反感。

如果你现在还没成功,那就没有必要摆架子装门面,放下身段,不要摆谱。

　　拿破仑滑铁卢战败后，被流放到地中海的圣赫勒拿岛。有一天，他与夫人约瑟芬一起到海港散步，正好遇到一群水手在卸货，水手们抬着沉重的东西嚷着："没看见我们正在卸货吗？让开！让开！"拿破仑躲避不及被重重地撞了一下。夫人几乎没有考虑，就脱口斥骂道："没长眼的东西，你们撞到的是法国皇帝！该当何罪？"

　　拿破仑马上拦住夫人，在她耳边说道："这些水手很辛苦，不要这样对待他们，再说我也并没有被撞得很痛。"

　　接着，拿破仑又吩咐随去的仆从，去帮助水手卸货。拿破仑放下皇帝的身段，不计较水手的过失并热情帮助他们。这种举动获得了水手的好感和爱戴，在水手的大力支持帮助下，几年后拿破仑偷偷潜回法国又重新执掌了政权。

　　古今中外成功的人，无不把放下身段当作做人的第一要诀。

　　但是有的人就认识不到这一点，他们在取得了一点成绩或者当上了芝麻大小的官后，便不知天高地厚，不管在哪里都爱摆臭架子。这种现象在社会生活中随处可见，比如千金小姐不愿意和保姆同桌吃饭，博士不愿意当基层业务员，高级主管不愿意主动找下级职员交换意见，知识分子不愿意去做体力工作……他们认为"君子动口不动手"，如果那样做，就有损他们的身份。

　　过分看重"身段"，故意摆谱，只会让路越走越窄。如果在非常时刻也放不下身段，那就会变得无路可走。比如说博士找不到合适满意的白领工作，又不愿意降格以求当业务员，那就只有挨饿了。

　　放下身段的人比放不下身段的人，在生存竞争中至少可以增强两方面的优势：一方面，能放下身段的人，思考富有高度的弹性，不会固守刻板的观念，能及时吸收各种新颖的观念和信息，形成一个庞大而多样的信息库，从而积累起竞争的资本。另一方面，能放下身段的人能比别人早一步抓到好机会，也能比别人抓到更多的机会，因为他们没有更多的顾虑。

你如果想在社会上闯出一条路来，那么就必须要放下自己的架子，不要摆谱，也就是要放下你的学历，放下你的家庭背景，放下你的身份，让自己回归到"普通人"的队伍。不要在乎别人的眼光和议论，做你认为值得做的事，走你认为应该走的路，人生之路才会越走越宽。

建立、扩大社交圈

从心理学角度来说，人一旦拥有封闭心态，往往就不愿与人沟通，很少与人讲话。其实并不是无话可说，而是害怕或讨厌与人交谈。害怕说出的话不对味，倒了大家的胃口；担心因为哪壶不开提哪壶，而遭到斥责；害怕自己的口误刺中了对方的痛处，而导致唇枪舌剑……种种的担心和害怕，使到嘴边的话又溜了回去。本可畅所欲言的时候却又欲言又止，想了三番五次最终把心里的话咽进了肚子里。结果，想说话的时候与自己说，把心里话写进日记中，有心声不说而是撰文咏诗，托物言志。

有些人的自我封闭行为与生活中遭遇挫折有关，这种人在生活、事业上遭到挫折与打击后，精神上受到压抑，对周围环境逐渐变得敏感，变得不可接受，于是就出现了回避社交的行为。

具有自我封闭行为的人有一个显著的特点，就是不"合群"。即使交朋友，也只和性格、习惯和趣味等方面与自己相似合得来的人交往。凡是在这方面合不来的人就一概拒绝。不愿意向别人敞开自己的心理世界，不相往来，也不顾及其中的利害关系，不善解人意。在与人相处时，反面的态度（如仇恨、嫉妒、怀疑等）多于正面的态度（如尊敬、信任、喜悦等）。因此，自我封闭的人不能建立和谐的人际关系，基本上没有知心的朋友。

这种不合群的性格，不仅有碍于和谐人际关系的建立，不适应现代人际交往的需要，而且还会使人心理上缺乏安全感和归属感。形成退缩感和孤独感，从而有碍于人的身心健康。试想：你独处深宅，孤陋寡闻，信息从何而来？你没有朋友，孤家寡人，遇到困难谁来帮助你？你没有几个知心朋友，你的苦恼无处倾诉，也没人为你出谋划策……

如果拒绝与人接触，把自己囚禁在一座孤岛，我们就会变成痴人。我们的心很快就会被荒芜吞噬，结果只能是自我封闭，离群索居。

没有人愿意选择孤独，没有人不想交朋友。相信你也是一样。既然你的心里怀有交友的渴望，脑海中憧憬着与大家在一起无拘无束地欢乐，那么还有什么理由封闭自己呢？所以，尽快摆脱你的孤独现状吧！不要再作茧自缚了。敞开心扉，勇敢地走进大家的生活中去吧，感受集体的欢乐与痛苦，分担大家的风雨和成就，你的个人魅力就会在集体中实现和升值。

如果你自我封闭的时间太久了，一时不知道如何适应人多的"热闹"和来自大家的认可和欢迎，那么，可以循序渐进，逐步地适应社交圈。

首先，要认清社会关系的重要性。

个人要在集体中才能生存。个人的行为离不开社会关系的影响。有意识地清理一下自己现有的社会关系。看看它们到底对自己有哪一方面的生存价值，同时还要注意培养和建立新的社会关系。将这些社会关系连接起来，就形成了一个交际圈。在交际圈里就可以游刃有余，活动自如。当自己需要帮忙时，便可以得到他人的帮助。但是，在这方面还要掌握好度，不能只沉迷于拉关系，而忘记了自己最重要的目标。

有一位大富翁说："我之所以能有今天的成就，单靠自己的力量是办不到的，而是得力于我广泛的社交圈子和良好的人际关系。我社交圈子里的朋友三教九流都有，例如文化界、教育界、学术界、商业界……真是应有尽有。"由此可见，大多数成功的人通常都得力于社交圈子，拥有良好的人际关系。所以这种社交圈子和人际关系是一项很重要的资源和财富。

在你接触的所有关系中，往往只有一些重要的关系才能给你提供最大程度的帮助。所以，应该把时间和精力，花在最重要的人际关系上。你的个人生活或职业生涯中，都能对你造成深远的影响。在内心仔细分析每一个与你交往的人，认真思考你的每一段友谊、工作中的人际交往，以及你在任何其他场合产生的人际关系。那些同你有关系的人都会对你的思想产生意义重大的影响和冲击。

其次，建立交际圈是不够的，还要扩大自己的交际圈。

交际圈就如一张网，每个人就是网上的一个点，要想让这些孤立的点活动起来，就必须与其他的"点"联合，与他们接触。只有这样，才不会成为一个"死点"。接触的"点"越多，活动的范围就越大，社交的圈子就越广泛。而圈子越大，网上的"点"就越多，一旦一个"点"动起来，其他"点"也就会相应地动起来，由此产生持久的互动效应，使整个圈子的"点"都"活动"起来，这就是为什么社交圈子广泛，朋友多，好办事的根本原因。

然而，有的人生活圈子很小，除了老婆孩子和少数几个亲戚，其他的社会关系可谓是"凤毛麟角"，所以他们的朋友通常不多，在关键时候能帮上忙的朋友就更少了。这些人不善于交际，不懂得如何扩大社交圈子，不善于结交新朋友。他们不会有目的地主动接近一个人，如果这样做，他们会脸红、结巴，被人家一眼洞穿，自己也会觉得尴尬没用。久而久之，他们宁愿守着自己的小圈子，而不去延伸大圈子，甚至自己的小圈子也正在逐步缩小，最后慢慢地让自己脱离了社会。

再次，主动与人交往，在众人中树立人缘。

是否有人缘，大大地左右着事业的成功与否。所以要想改变，就必须从现在起建立人缘，建立高层次的人际关系。那么，怎样才能建立起新的人缘呢？为此，要有具体的行动。一言以蔽之，即要积极地走出去，扩大与人交往的机会。

与人交往时，要提醒的是，要尽力避免同那些会阻碍自己成功的人打交道。比如心态消极的人、总是试图改造别人的人、苛刻挑剔的人、浪费时间的人。同时，也拒绝那些不守承诺的人，猥琐、不诚实或自私自利的人，以及那些总是作威作福、不可一世的人。

认错之后，更加欣赏彼此

人人都会犯错误，尤其是当你工作过重、精神不佳、压力太沉重时，不小心犯错是非常普通的事情。如果我们能在犯错之后正确地面对，便不算什么大事情，甚至还会提升你的形象，对你日后与人的交往起到帮助。

二十多年前，刘先生当电视台记者的时候，有一次要去美国采访一个电影节。当时去外国的手续很难办，不但要各种证件，而且得请公司的人事和安全单位出函，于是他托电影公司的一位朋友代办。

刘先生好不容易备妥了各项文件，送去给那位朋友。可是才回公司，就接到电话。说少了一份东西。

"我刚刚才放在一个信封里交给您的啊！"刘先生说。

"没有！我没看到！"对方斩钉截铁地回答。

刘先生立刻赶到那位朋友的办公室，当面告诉那人他确实已细细点过。

那人举起刘先生的信封，抖了抖，说："没有！"

"我以人格担保，我装了！"刘先生大声说。

"我也以人格担保，我没收到！"那个人也大声吼回来。

"你找找看，一定掉在了什么地方！"刘先生吼得更大声。

"我早找了，我没那么糊涂，你一定没给我。"那个人也吼得更响。

眼看采访在即，刘先生气呼呼地赶回公司，又去重新"求爷爷、告奶奶"地办那份文件。就在办的时候，突然接到那个朋友的电话。

"对不起！是我不对，不小心夹在别人的文件里了，我真不是人……"那位朋友说。

刘先生怔住了，忘记是怎么挂上那个电话的。

刘先生说虽然那件事是他朋友的错，可是他却十分敬佩他的朋友敢于承认错误的勇气。

勇于承认自己的错误是一种大智慧和大勇敢。智者千虑，必有一失。一个人再聪明，再能干，也总有失败犯错误的时候。人犯了错误表现出两种态度：一种是拒不认错，找借口辩解推脱；另一种是坦诚承认错误，勇于改正，并找到解决的办法。

每个人都有犯错误的可能，关键在于你认错的态度。只要你坦率承担责任，并尽力去想办法补救，你仍然可以立于不败之地。

能坦诚地面对自己的错误，再拿出足够的勇气去承认它，面对它，不仅能弥补错误所带来的不良结果，在今后的工作中更加谨慎行事。

在犯了错误之后，绝对不要采取下面的行动。

1. 撒谎否认

说谎的人总说："我没做那件事"，或者"不，不，那不是我干的"，或者"我不知道这是怎么一回事"，还有"我发誓"等之类的话。还有一类人犯了错误后。习惯于说："噢，这没什么大不了的，情况会好起来的。"或者"出错了吗？哪里出错了？"或"不要着急，事情会如你所愿的。"

2. 指责别人

这种人犯错后会说："这是你的错，不是我的错。"他们也会说："我的雇员对我不忠实。""他们说得不清楚。""这是老板的错。"等等。还有些人会说："如果再给我点时间的话，我会做好的。"或者"人人都这样，我为何不可？"

3. 半途而废

这种人经常说："我早就告诉过你那样做不管用！""这件事太难了，不值得我投入这么多的精力，还是换个简单一点的吧。""瞧，我都做了些什么啊？我不想自找麻烦了。"

当我们犯了错时，如果我们对自己诚实，就要迅速而诚恳地承认。这样比为自己争辩好得多。如果你总是害怕向别人承认错误，那么，你不妨试试下面的办法。

如果你在工作上出错，应该立即向领导汇报，这样虽有可能被大骂一顿，可是在上司的心目中你将是一个诚实的人，将来会更加信任你，你所得到的将比你失去的多；如果你的错必须向别人承认，与其找借口逃避，不如勇于认错，在别人还没有来得及把你的错到处宣扬之前，尽早对自己的行为负起责任；如果你的错误影响到其他人的工作成绩，无论他是否发现，都要主动向他道歉，承认错误，不要自我辩护、推卸责任，否则只会令对方更加恼火。

有些人认为犯错有失自尊，面子上过不去，便害怕承担责任，害怕惩罚。与这些想象恰恰相反，勇于承认错误，你给人的印象不但不会受到损失，反而会使人尊敬你、信任你，你在别人心目中的形象反而会高大起来。

旺人气的 8 种法则

人与人之间相处，人气指数很重要，也就是说，人气指数与人缘关系成正比。下面是点旺人气的 8 种法则：

1. 努力使自己永远受到热情接待

一个对周围的人真诚感兴趣的人两个月结交的朋友比另一个力求使周围的人对他感兴趣的人两年结交的朋友还要多。

不过，我们知道有一些人一生都在努力使别人对他感兴趣，而他们自己对谁也没表示过任何兴趣。

为了交朋友，不能自私，要努力关心他人，为此需要时间和热情。有一位亲王为周游南美洲，曾花几个月的时间学习西班牙语，以便用出访国的语言进行公开讲演。这使他博得了南美洲居民的热爱。

所以，你想引起人们的钦慕，你应遵循的第一条准则是：对人们表示出真诚的兴趣。

2. 给人留下好印象

一次宴会上，宾客中有一位继承了一大笔遗产的妇女，她渴望给所有人留下美好的印象。她拿自己的财产买貂皮、钻石和珠宝，但她不注意自己脸部易于激动和自私的表情。她不懂得每个男人都清楚，妇女的脸部表情比她的服饰更重要。

行动比语言更富有表现力，而微笑似乎在说："我喜欢您，您使我幸福，我高兴看见您。"这就是我们为什么喜欢狗的原因吧。狗看见我们总是满意地跳来跳去！自然，我们也高兴看见它。给人留下好印象，首先要给人真诚的微笑——使人感到温暖的微笑，发自内心的微笑。

3. 善解人意，体贴别人

一个体贴别人的人，总是设身处地地为别人着想，不让别人紧张、拘束，更不会让别人尴尬难堪。据说，莎士比亚就具有善解人意的神奇能力。在和人交往的过程中，他就像一条变色龙，能根据交往对象的不同特点，随着时间、地点的变化进行应变。文学批评家威廉·哈兹里特指出："莎士比亚完全不具有自我，他除了不是莎士比亚之外，可以是其他任何人，或是任何别人希望他成为的人。他不仅具备每一种才能以及每一种感觉的幼芽，而且他能借着每一次的命运改换，或每一次的情感冲突，或每一次的思想转变，本能地预料到它们会向何方生长，而他就能随着这些幼芽延伸到所有可以想象得出的枝节。"

4. 成为好的对话人

成功交谈的秘密在哪里？著名学者查理·艾略特说："一点儿秘密也没有，专心致志地听人讲话这是最重要的。什么也比不上注意听对谈话人的尊敬了。"倾听可以使他人感受到受尊重和欣赏，而这一点正是对方要的。

你如果想成为被人喜欢的人，请记住要善于注意听别人讲话并鼓励其讲话。

5. 激起他人的兴趣

假若你想使人喜欢你，请谈论使你的对话人感兴趣的东西。要想找到打开人心扉的钥匙，必须同他谈他最向往的东西。

兰博在即将被选为副经理时，忽然有一位董事表示反对，这个意外的出现，使兰博的任命搁置下来。

兰博从朋友那打听到这个董事有收藏古籍珍本的嗜好，每当遇到知音和称赞时就非常兴奋。兰博打电话给这位董事，真诚地说："如果在你的书室能欣赏到被人们赞誉的宝书，将是我一生的荣幸。"

董事邀请兰博来到自己的书室，并向兰博介绍了部分古籍的来历。

兰博一边看一边由衷地称赞，感谢董事让他大开了眼界，增长了见识，并时不时地向董事投去钦佩和敬仰的目光。

通过这次交流，董事对兰博当副经理的事完全赞成。而兰博也敬佩董事的博才，两人成了知心的朋友。

6. 一见面就使人高兴

遵循这一准则，将有众多的朋友并经常感到幸福。违反这条准则，就会遭受挫折。这条准则是：尊重他人的优点。你想得到你所接触的人的赞扬，你想让别人承认你的优点，你想在那个小天地感到自己能起些作用，请尊重他人的优点。

在人与人交往沟通中，主要靠语言的应用，讲对方想知道的、感兴趣的、关注的话题，讲他爱听的话，多赞美他人。如果说，批评和鼓励都是催人上进、激人振奋的一种手段的话，那么，在多种情况下，适当的赞美就往往能收到更好的效果。一个笑容可掬、善于发现和挖掘他人优点并给予赞美的人，肯定会受到别人的尊重和喜爱。

生活中的每个人，都希望得到他人的赞美。赞美会激发受赞美者的自豪和骄傲，从中了解自己的优点和长处，认识自身的价值，赞美能和谐人际关系，给人带来美好的心境。并且，当人们在鼓励、尊重对方的同时，也丰富了自己的生存智能。

7. 会给别人保面子

你伤害过谁，也许早已忘了，可是被你伤害的那个人永远不会忘记你。更糟的是，他绝不会记住你的优点。

给他人保住面子！这一点是多么重要！而我们却很少想到这一点。我们常常是无情地剥掉了别人的面子，伤害了别人的自尊心，抹杀了别人的感情，却又自以为是。我们在他人面前呵斥小孩或下属，找差错，挑毛病，甚至进行粗暴的威胁，却很少去考虑人家的自尊心。其实，只要冷静地思考一两分钟，说一两句体谅的话，对别人的态度宽容一些，就可以减少对别人的伤害。事情的结果也就大大地两样了。

1922 年，土耳其同希腊人经过几个世纪的敌对之后，土耳其终于下决心把希腊人逐出土耳其领土。穆斯塔法·凯末尔对他的士兵发表了一篇拿破仑式的演说，他说："不停地进攻，你们的目的地是地中海。"于是，近代史上最惨烈的一场战争展开了。土耳其最终获胜。

当希腊的迪利科皮斯和迪欧尼斯两位将领前往凯墨尔总部投降时，土耳其士兵对他们大声辱骂。凯墨尔却丝毫没有显现出胜利的骄气，他握住他们的手，说："请坐，两位先生，你们一定走累了。"

然后，在讨论了投降的有关细节之后，凯墨尔安慰这两位失败者。他以军人对军人的口气说："两位先生，战争中有许多偶然情况。有时最优秀的军人也会打败仗。"

凯末尔即使在全面胜利的兴奋中，为了长远的利益，仍然记着这条重要的信条——给别人保住面子。

8. 给对方一条退路

要爽快地接受别人的意见，的确不是一件容易的事。但是，如果是你的意见比较占优势，而他人想要逃避责任的话，这又该如何是好？

这个时候，最差劲的就是逼得他喘不过气，或说不出半句话，这也就是所谓的"赶狗入穷巷"。他人被你逼得走投无路的时候，只好抓你的语柄反击。如果在这种情况之下，你还不懂得给对方留些余地，对方表面上可能表现得很宽容，匆匆地随便找个台阶下，但内心的煎熬却不像表面的那样，这种屈辱有机会他一定会讨回来。

如果你能够遇到一位心胸宽大，且真正欣赏你的人，这是你的福气，你要心存感谢。千万不要因为这样就趾高气扬得不可一世。孙子兵法中也说过，攻敌时要留一条退路给敌人，若是把敌人团团围住而不留一条活路，敌人在走投无路的情况之下只好决一死战，倾全力反击。

因此，在与人意见的交涉中一定要为对方留一条退路，于人于己都行得方便。

能够仔细分辨别人的意图、动机、心情、感受和思想。一个社交能力强的人，必定是会盘算的人，他们会考虑到自己行为的后果，会盘算别人的可能行为，会计算自己的利益和损失，所有这些盘算都是在相关因素可能变动的情况下做出的。因此，只有认知能力较强、善于察言观色的人，才能在复杂多变的情况下，做出这些盘算来。

第七章

不用抱怨领导，
要能看懂领导的心思

每天都抱怨自己不受领导重视的人，往往是什么都做不好的人。这种人不会揣摩领导的心思，根据领导的要求和喜好来做事。与其你每天都在抱怨领导，不如反思一下，怎样才能看懂领导的心思？

给领导委婉进谏

俗语有云："人非圣贤，孰能无过。"领导也是人，在制定策略时也有可能忙中出错；很多时候，他也含有私心。作为他的下属，倘若遇到这种情况，你是进言还是作哑呢？毫无疑问，作为一名合格的职场人，向上司进言献策，提出合理化建议，是我们应尽的责任。况且，倘若你不作声，有朝一日公司因错受损，作为团队中的一分子，你必然也是难逃其责，而倘若这建议真能令上司与公司受益，前途岂不一片光明？

不过话虽如此，但毕竟上司与我们的关系不对等，在权利、地位等诸多方面，上司较之于我们具有绝对优势，因此，要在不得罪上司的情况下使自己的建议被采纳，也绝不是什么轻松之事。

一般而言，在向上司进言时，最忌讳的做法莫过于以下三点，我们必须要有所了解。

第一，拼命死谏。领导犯错时，不懂事的下属往往会据理力争，拼死劝谏。是的，你的勇气可嘉，但要知道，绝大多数上司都不会是唐太宗，而你更不是魏徵，这样做的后果就是："出师未捷身先死"，空怀满腔抱负却得不到施展，只能在"冷宫"中哀叹度日。

第二，一味逢迎。那些责任感、团队意识差的员工往往会认为"他对他错与我何干？"于是不管命令可行与否，一位奉承，甚至大拍特拍。这种做法可能会暂时讨得上司的欢心，但定会令同仁鄙夷，认为你生就奴才相。或许，你可以不在乎这些——上司觉得好就是好！但是，倘若有一天上司发现自己的决策有误，而你还在那推波助澜，他定会认为你是有意将其放在火上烤，他会轻饶你吗？

第三，阳奉阴违。表面上一口应承，实则无所动作，或许可以暂时保住饭碗，但让上司知道你说一套做一套，对其不够忠诚，升职加薪你也就别再指望了!

那么,还有什么更好的办法吗?当然,我们还有第四种,也是最好的一种策略可用,即委婉进谏。此法的妙处就在于,不与上司产生直接对抗,若上司不听,我们也问心无愧,若上司采纳,则皆大欢喜。这便是中庸之道,就是恰到好处。

清嘉庆皇帝登基以后,对前代遗留下的问题着手进行解决,并准备破格提拔几位曾为乾隆朝做过贡献却被奸臣排挤、打击的官员。但这破格提拔的事在清朝历代尚无先例,群臣反应不一。嘉庆皇帝一时拿不定主意,便问老臣纪晓岚。纪晓岚沉吟良久,说:"陛下,老臣承蒙先帝器重,做官已数十年了。从政,从未有人敢以重金贿赂我,为了撰文著述,我也不收厚礼,这是什么原因呢?这是因为我不谋私、不贪财。但是有一样例外,若是亲友有丧,要求老臣为之点主或作墓志铭时,对于他们所馈赠的礼金,不论多少厚薄,老臣是从不拒绝的。"

嘉庆听完晓岚一席话后感到莫名其妙,进而想一想,才点头称许,于是下决心破格提拔这批官员。

纪晓岚的话表面上看似乎言不及义,但其实用的乃是模糊之法,其中大有文章,他实际上是在建议嘉庆皇帝大胆去提拔有功之臣——清者自清,清官岂会因害怕毁誉而拒收为丧者点主、作铭的礼金?难道为祖宗推恩也要如此顾及?进而暗示嘉庆帝,您破格提拔为先帝朝做过贡献的官员,不也是为祖宗推恩、弘扬先帝德化吗?这又有什么可顾忌的?道理上与我纪晓岚不拒酬金不是大同小异吗?嘉庆皇帝也不是木瓜脑袋,深思之下岂会悟不出纪晓岚的话中话呢?

纪晓岚如此含糊其词,其考虑有二:其一,虽然自己是在建议嘉庆皇帝破格提拔,但没有明说,建议如果被皇帝采纳,不论成败，表面上自己都没有介入，任何人都别想抓住他的把柄；其二，嘉庆皇帝和他爹一样，好大喜功，有自作主张的特性，如果不说，皇帝会不高兴，如果明说，又怕有教导皇帝之嫌，令嘉庆帝忌讳。于是，纪晓岚索性含糊其词，既表明自己的意见，又让皇帝觉得是他自己悟出来的，迎合了他的秉性，可谓是一举两得。

在中国有句古语："武死战，文死谏。"由此可见，进谏一事从古至今都有一定危险，这就使我们不得不谨而慎之。以下是我们为大家提供的几点建议，希望对您的职业生涯能够有所帮助。

一、进谏尽量私下进行

我们在向上司进谏时，应尽量选择非正式场合，尽量在私下进行沟通，最好不要当众提意见。这样做的好处在于：其一，可以给自己留下回旋余地。要知道，上司的决策可能有错，但你的建议也不能保证十全十美，若肆无忌惮地当众提出，一旦出现错误，就会难以下台；其二，可以给上司留下回旋的余地。上司若有错，在非正式场合提出来，能够保全他的颜面，上司可以"有则改之，无则加勉"，但倘若当众提出，则一定会让上司下不来台。

私下进谏，既可以避免当众出丑的尴尬，又可以维护上司的尊严和威信，这样做可以最大限度地避免上司的"打击报复"。

二、多正面阐述，少负面否定

我们在向上司进谏时，一定要多从正面阐述自己的观点，而尽量不要从负面角度否定上司的观点，必要时，还需要刻意回避或迂回变通，以避免与上司之间发生正面冲突或是伤害到上司的自尊与威信。显而易见，这样做是为了迎合上司维护自尊与威严的心理需要。

三、尽量让上司觉得正确结论源自他口

著名成功学大师戴尔·卡耐基曾经说过："如果你仅仅提出建议，而让别人自己去得出结论，让他觉得这个想法是他自己的，

这样不更聪明吗？"社会学家经过研究业已证实，较之别人提出的看法，人类对于自己得出的看法往往更加坚信不疑。所以，我们在进谏时，一定要注意避免直接点破错误。而应以迂回询问的方式，暗示错误的所在，让上司自己得出你想要的正确结论，这样做的效果肯定会更好。

四、认清形势，把握时机

我们向上司进谏，必须要懂得把握时机，善于在不同形势、不同场合、不同氛围下开口。譬如，决策性进谏，一定要在决策尚未拍板钉钉时进行；纠错性进谏，最好选在错误造成的弊端刚显苗头之时，过早说服力不足，过晚则有马后炮之嫌。

五、言之有度

向上司进谏，话绝不能说得太满，更不可说得太绝，一定要言之有度，再有理也要让三分。要给上司留有余地，点到即可。

上司也是人，也有七情六欲，有个人的情绪、脾气、喜好，乃至缺点、私心，更有自己看问题的角度和方式。我们在向上司进谏时，必须要对上司有所了解，要对事情的利弊考虑得清清楚楚，把握说话的分寸，切不可冒失莽撞、哪壶不开提哪壶。如不然，非但你的建议不会被上司采纳，还会好心被当成驴肝肺，引起上司的不满和反感，你的"仕途"也就堪忧了！

在向上司进言时，尤其要注意察言观色，选在上司心情好的时候进行。倘若上司心情不佳，你却贸然进谏，不被轰出门外才怪。所以，我们在欲表达自己的意见之前，一定要先看看上司的脸色，再决定说什么话，怎么说。

上司"马屁"要拍得巧妙

马在被拍时，不论其性有多烈，都会感到很受用，因此俯首帖耳。于是，人便利用马的这一特性，投其所好，专拍马屁，令其供自己驱策。

其实，人也是一样，虽然嘴上不承认，但无不喜欢被人拍，只要你拍得巧妙、拍得有水平，他就一定会很受用。

上司也是人，当然也不能免俗。你指望上司器重你、提拔你，对其恭敬有加自是理所当然，你尊重了他，他反过来也会尊重你、重视你，当你"受难"的时候，他便很有可能会出手拉你一把。

你要了解上司的心理，处于他那个位置上，最看重的是权力和荣耀，最喜欢的是通达人情世故、恭敬尊重自己的下级。那些精通人情世故的中层领导总是抬着上司走，看准时机便是不动声色地拍上一拍，让上司充分体会到作为领导的优越感，这俨然会为自己的迁升之路扫除很多障碍。

虽然拍马的好处多多，但总有人不屑于此，他们认为说奉承话、讨好上司完全是奴隶嘴脸，外相丑陋。这种人，说好听一点是自命清高，说难听一点就是迂腐不堪。须知，真正的"拍马"讲究的是在潜移默化中赞美别人，既不会给人留下卑躬屈膝的印象，又可以极有效地润滑人际关系，此举与人有利，于己无损且多益，我们又有何道理弃之不用呢？

所以说，马屁该拍还要拍，只要你拍得有技巧，就一定能做到溜须不落拍马之嫌。

有这样两个故事，讲得就是拍马的高人，其手段着实令人赞叹啊！

据说古时候有两个人，一个叫祝子园，一个叫唐凌，他二人将到京城任官，临行前，到老师家中辞别。老师祝福他们道："现在的时局完全走正路是行不通的，你们去京城做官，对上应恭谨，这叫送高帽子，能如此，不仅不会得罪人，还容易把事情办好。"唐凌赞叹地说："老师的话实在太好了，今天能像老师这样不喜欢高帽子的有几人呢？"老师听完后十分高兴。回程中，唐凌就对子园说："你看！高帽子又送出去一顶了。"

无独有偶。据说拿破仑当年最讨厌别人拍他的马屁，所以喜欢谄媚、奉承的人也绝难受到他的重用。有一次，随从之一对他说："将军，你是最讨厌别人对你拍马屁的吧？"拿破仑笑着回答："是的，一点也没错！"可事后，拿破仑却不得不承认，这就是一记最好的马屁，而自己竟笑着接受了。于是颇为感慨地叹道："讨厌别人对自己拍马屁的人真是少之又少啊！"

我们不得不承认，喜听好话，这是任何人都不能戒除的，即便他是个伟人；这自然也是拍马极受欢迎的根本原因所在。只是我们需要注意，拍马也一定要有技巧，戴高帽并非无限夸大地赞美，倘若一着不慎，拍到了马腿上，则必定会弄巧成拙，被反踢一脚不说，还会给众人留下个"马屁精"的坏印象，鸡飞蛋打，得不偿失。

我们再来看看这个故事，或许能从中吸取一些教训。

有个公司的部门经理对总经理抓好公司业务的同时，结合自己工作实践撰写了一本《商人之路》的书稿，这样称赞道："你在企业工作真是一个错误的选择，如果你专门研究经营管理，我相信你一定会成为商务管理的专家，会有更加突出的成果问世。"

总经理听完部门经理的一席话，不满地说："你的意思是说我不适合做公司的总经理，只有另谋它职了？"见总经理产生了误解，本来想给总经理"戴高帽"的部门经理吓得头冒虚汗，连忙解释说："不，不，不，我不是这个意思，我是说……"

还是秘书过来替部门经理打了个圆场，说道："部门经理意思是说您是个多才多艺的人，不仅本职工作抓得好，其他方面也非常出色。"

总经理渐渐露出了笑意。

同一件事、同一个对象，称赞的方式不同，收到的效果便大相径庭，可见，一定要懂得技巧的运用，以免画虎不成反类犬。

大体上说，我们在恭维上司之时，有以下几条原则可以遵循：

第一，尽量选择私下进行

上司肯定不想给下属留下一个"爱被奉承"的印象，那有损他的领导形象。你本人当然也不希望被同事指指点点，冠以"马屁精"的称谓。所以，奉承的话最好像情话一样，私下说，避人耳目，悄悄进行。如此，因为没有第三者在场，上司不会有太多顾虑，也无需故作威严对你严加呵斥，完全可以坦然接受。正所谓"天知地知你知我知"，怕什么别人嚼舌根？有什么诸多顾虑？你要知道，历史上以拍马溜须换得功成名就之人绝不在少数，但文史上却鲜有记载，恰恰是因为他们拍得隐秘，拍马者与被拍者彼此心照不宣，第三者则根本无从知晓。

第二，不要信口开河，无限夸大

在办公室中，有些人的"赞美之语"着实是让人恶心，他们不分场合、不分时间地巴结上司，什么肉麻的话都说得出口。这种人自以为只要向上司大献殷勤，便可以轻而易举地得到好处，殊不知上司也不是傻子，他能做到今天这个位置显然要有一定分辨是非的能力。面对下属口不择言的赞美，久而久之，他们必然会感到厌恶，他们甚至会想"该不是有什么目的吧？""想用糖衣炮弹软化我？"这种情况下，不但上司会尽量疏远他们，相信其他同事都会不屑与其为伍。这绝对是"偷鸡不成蚀把米"。

第三，可以通过第三者赞美

当你想要赞美上司时，直接说与通过第三者之口说出其效果是完全不同的。你当面赞美上司，他或许会认为你别有所图，是在极力奉承他、讨好他，虽心里受用，但不会有什么感动。当倘若你赞美的话通过别人之口说出，上司就会认为你的言论发自肺腑，他才会领你的情，并由衷地感谢你。

譬如，你可以在其他部门、在上司不在场之时，有意无意地为上司"歌功颂德"，这些赞美终有一天会传到上司耳中，你非但不会落下拍马之嫌，还会令上司另眼相看。

说一千道一万，讨好上司最重要的一点就是既要达到目的，又要避开拍马之嫌，否则，不但起不到调和人际关系的作用，往往还会令自己陷入难堪境地。

在职场上，倘若我们能够巧妙地左拍一下、右拍一下，你的上司会欣赏你，你的同仁会亲近你，你不必为此丧失人格尊严，因为这一切都是在"暗中进行"，你可以营造一种和谐的办公室气氛，令你的工作能够顺利地进行，如此一来，成功离你还会远吗？

当一个人听到来自他人的赞美时，其自豪感、荣誉感自然而然会得到满足，他便会情不自禁地感到愉悦，同时对赞美者油然升起一股亲切感，彼此间的距离在无形中因此而拉近。显然，这是我们在职场生存必不可少的一种手段。但需要注意的是，恭维赞扬并不是纯粹的献媚，赞美要事有所指，要让人感到真实。其实，每一个人都有其出色之处，我们在赞美时应多加留心，针对上司的不同情况，给予其不同凡响、细腻无声的恭维。

上司的黑锅我来背

中国有句俗话"人活一张脸，树活一张皮"，可见，中国人是非常讲究面子的，简直视面子为珍宝，谁也动不得，谁动跟谁急。做领导的更是如此，他们需要维护自己的这张脸，以此来树立自己的威严，所以，倘若他们无心之中做出了什么错误决定或者办了什么尴尬之事，做下级的是绝对不能直言不讳的，因为这无疑就是当众打他的脸，是在向他的权威挑战，是在向他的伤口上撒盐，会严重损害他的自尊，会极度刺伤他的自尊心，对于这样的人，他岂会不除之而后快？所以，当上司无意间犯错时，做下属的绝不能去充当那个"出头鸟"，这是最根本的生存法则。

不过，只是如此还远远不够，聪明的下级会懂得主动将那些无关紧要的小错误承担过来，给上司一个台阶，同时也是给自己一个机会。

和珅绝对称得上是天下第一贪，可是这样的人，为什么聪明一世的乾隆皇帝会对他宠爱有加？原因就在于，和珅替乾隆帝说了很多他想说不能说的话，替乾隆帝张罗了很多他想做不能做的事，甚至，连乾隆帝放个屁他都会脸红！为什么？和珅脸红就是在告诉别人，这个屁是我放的！做下属能做到这种程度，不可不谓之"极品"。你别不屑，抛开人品不说，和珅行走官场的那套本事其实是很值得人们回味的。做下级的，倘若不能为上级有所分担，那是很难出人头地的。有这样一个笑话，说是某局长带着秘书去检查工作，一行人乘电梯时局长放了一个屁，他并未作声，而是转脸看向秘书，秘书马上解释："这个屁不是我放的！"结果，局长一回去就把他撤了，理由是屁大点的事你都担不了，还能干什么！大家莫笑，这并不是危言耸听，其实在职场上，类似的事情是很常见的，你不给上司面子，一点小事都不肯替他承担，他还会对你好吗？

你要知道，上司也是人，不可能做到尽善尽美，当他犯错时，要他站出来做自我检讨，无疑是有一定难度的，因为这显然会降低他在下属心中的权威性。此时此刻，倘若你能挺身而出，替上司把黑锅背下来，那么不但显得你通情达理，还会令上司牢牢记住你的好。

"黄晔（huá）。"

老总点完名以后，全场一片寂静，没有人做出应答。

老总又叫了一遍。一名员工很不自然地站了起来，怯生生地说："我叫黄晔（yè），不是黄晔（huá）。"

人群顿时发出一阵低笑声，声音虽不大，但在空旷的会场中显得分外刺耳。

老总的脸色瞬息变得极为难看。

"报告总经理，我是打字员，是我把字给打错了。"一个颇为精神的小伙子马上站了起来，接口道。

"你太马虎了，下不为例。"老总挥了挥手，示意他坐下，继续往下点名。

一周之后，这名打字员被升为了公关部经理。

这就是代过的好处。从个人情感上讲，每一位上司都希望有一个能为自己代过的下级。倘若你能抓住上司的这种心理，在适当的时候，牺牲自己的一点利益，给上司一个台阶下，帮助他维护威信不失，那你的前景肯定错不了。

在职场生存，我们应当懂得体谅上司，上司日理万机，工作上的事情千头万绪，用人管人千难万难，忙中出错也是在所难免。这个时候，作为下属你就应该主动一点，为上司分担一点责任，这是很迎合上司心理的。

其实作为下级，很重要的一点就是要懂得上司的心理。

你要知道，所有的上司都只愿意做"好人"而不愿做"恶人"。然而，在日常工作中，产生分歧、发生矛盾却又是不可避免之事，这时上司很希望自己能够充当"好人"的角色，而绝不愿做得罪别人或有失身份事情。

国内有位知名的企业家，在商界是出了名的"好好先生"，因为他无论与任何人谈任何事情，都不会给予对方否定的答复。当然，他绝不是什么活菩萨，在商场上打滚若是有求必应还想生存吗？只不过他很懂得厚黑之道，若是遇到他诚心合作的对象或是他愿意出手相助的事情，这位企业家一定会亲自出马，卖个人情给对方；相反，倘若是他不想合作或是不愿相助，则一律由下属出面以各种理由搪塞过去，而他是绝对不会露面的。

我们不能说这位企业家虚伪，毕竟愿做好人不愿演恶人的心理人皆有之，上司也不外如是。这种时候，上司其实是最需要下属为自己挺身而出的，他会特别希望有人充当自己的马前卒子，帮助自己唱好这台戏。当然，这不是一项简单的任务，首先你要有做恶人的心理准备，再次上司一般也不会有失身份地向你明说，这就需要你费尽心思地去揣摩上司的意思，然后硬着头皮去做，即便做得出彩，上司也不会当众表扬你，你只能是个无名英雄，不过上司肯定会记得你的"情深意重"。相反，倘若你看不懂上司的暗示或是不肯自损名节去充当恶人，进而将他弄得很尴尬，那你就等着上司送你一双小鞋穿吧！

上司也和我们一样，都是愿意领赏，而不愿受过的。上司能"闻过则喜"固然是好，但如此高素质的人毕竟少之又少。大多数上司都不能免俗，都是闻"功"则喜，闻"奖"则喜，很少有闻过而喜者。所以，当上司有过时，他肯定希望有个人能替自己顶一顶，为自己补台，如果你不知眉眼高低，在这种时候给上司来个"落井下石"，那你可真要十分小心了！

事实上，为上司背黑锅，除了那些有悖原则或极其严重的错误以外，并无什么不当之处。从整个团队工作的层面上讲，下级为上司代过，将大事化小、小事化了，有利于维护上司的权威性，间接地也就是在维护团队的凝聚力，会使整个团队的工作得以顺利进行。从自身的角度来讲，为上司代过，会使他认识到你的"义气"，他会更加信任和感激你，你日后的工作自然也会更加得心应手。

你完全没有必要担心因此给自己留下案底，影响仕途的发展，那些无关紧要的小错，作为回报上司肯定会利用自己的权力和地位为你开脱、摆平。其实，你等于是在用短期的、可以忽略不计的损失，在对换上司长久的信任，这绝对不是一个赔本的买卖。

为上司代过，不是你傻，而是一种舍车保帅、识大体的智慧，它只会让上司更欣赏你。当然，代过也要有所选择、要审时度势，并不是说所有的"黑锅"都能背。你首先要考虑它会不会给你的职业前途造成永久性的伤害，留下不可磨灭的污点；其次你要衡量一下这个"黑锅"自己是否能够扛得起。倘若你的答案是否定的，那么就绝不要"以身试法"，白白做了别人的替罪羊和牺牲品，不值！

上司有难，我献真情

领导在用人时，首先看的并不是你的才能如何，而是忠心与否。忠诚之人，即便才能不济或是有些毛病，都可以被漠视；不忠之人，即便才高八斗，也绝不会受到重用，甚至惨遭抛弃。

譬如吕布，身是三国第一猛将，坐下三国第一战马，怀拥三国第一美女，按理说应该前程无量，羡煞旁人，可事实上他的声名简直臭不可挡，为何？就因为他见利忘义、不忠不孝，是个反复无常的小人。

吕布原是丁原义子，有父子关系，按理说要比一般领导更亲切几分。可事实是，董卓仅用一匹赤兔马，便使其倒戈相向，甚至子杀父，其行径简直令人发指。

可能，董卓至死也没想到的是，他会与丁原一个下场。这次，王允，用一个女人又将吕布拉拢过来，平了董卓之患。按理说，吕布立有大功，当是天下共敬，可惜事实恰恰相反。诸侯鉴于其反复无常，无人肯重用，好不容易碰到心软的刘备收留他那股残兵败将，他又反水占了徐州。于是，便有了白门楼那一幕——刘备一句"公不见丁原、董卓之事乎"，彻底要了这"三姓家奴"的性命。

可见，一个人即便本事再了得，倘若背信弃义，在领导陷入水深火热之际，不但不相救反而火上浇油，落井下石，即便这个领导一败涂地、无法再给你颜色，其他领导也是不会再重用和信任你的，因为你的本性摆在那里，任谁都怕日后被你反咬一口。

因而在职场上，有时往往是那些看似木讷、但忠心无二的人更容易受到重用。上司也知道"路遥知马力，日久见人心"，他或许会忘记与自己一起笑过的人，但绝不会忘记与自己一起哭过的人。所以，当上司受难之时，作为下级，你若能在关键时刻帮他一把，无异于雪中送炭，倘若能助他脱离困境，他自然会对你感激涕零。

你要知道，上司遭难之时，其内心是最脆弱的，这无疑是你接近他的最好时机。届时，他可能会众叛亲离、孤立无援、进退两难、郁闷烦躁、凄凉苦楚，"墙倒众人推"的残酷现实会使其对人情冷暖产生更深刻的认识，这种巨大的落差更会令他矢志东山再起，恢复以往的辉煌和荣耀给那些小人瞧一瞧。这种时候，哪怕是给予他一丝帮助的人，都会令他感到无限温暖，而对于那些能在自己陷困之时鼎力相助的下级，他必然会倍加珍惜，加倍偿还。

王云峰和杜威大学毕业后，一起到一家软件公司应聘，结果被同时录用了，负责电脑软件的设计开发工作。

上了不到两个月的班，杜威就辞职了。因为他嫌这家公司规模太小，连老板在内不过 10 个人。实力也太弱，注册资金只有 20 万。市场前景也不看好，研发能力不强，与那些实力雄厚的公司很难竞争。

办公条件也太简陋，只有一间面积不大的办公室，连台空调也没有。他们上班的时候，正是最热的八月天，只有两台吊扇不停地送出热风。杜威劝王云峰也别干了："好单位那么多，别在一棵树上吊死！趁现在年轻，得赶紧找个好'庙'，否则连女朋友都不好找。"

说实在的，王云峰也有些动摇，但一看到老板王旭鹏每日忙里忙外的辛苦样，又于心不忍。王旭鹏比他们大不了几岁，也是计算机专业毕业。创业不易啊！王云峰心想，反正自己还年轻，权当帮帮王旭鹏。即使以后公司垮了，也算积累点人生经验吧。

杜威骂他傻，摇摇头自奔前程去了。王云峰的决定是王旭鹏没有想到的，从那以后他把王云峰看成了风雨知己。

半年以后，公司的经营陷入困境，工资已有两个月没发下来，其余的人也都走了，如今只剩下"二王"了。

王旭鹏对王云峰说："真是委屈你了，哥们儿。"王云峰摆摆手："客套话什么都别说，只要你坚持一天，我就在这里陪你一天。"数年创业不曾为任何苦难愁眉苦脸的王旭鹏，却在这时被王云峰的一句话弄红了眼圈。

一年后，公司的局面开始峰回路转，由于"二王"的不懈努力，终于有位慧眼识珠的老板肯出资与他们合作，一起开发新款游戏软件。新产品巨大的市场前景令"二王"充满信心，这无疑是决定公司未来命运的转折点，为此他们废寝忘食、不遗余力，结果，产品推出以后，大受欢迎。除去巨额的利润，他们的名气也在业内声名鹊起。公司开始招兵买马，扩充实力，仅仅几年时间，就成为国内知名软件公司。此时，王云峰也升为公司的设计总监，月薪达到了五位数。

这时，已经很久没有联系的杜威来找王云峰，希望能够重新回来上班。原来，杜威离开以后，很快就谋到了一个好职位。可是，由于这家单位人浮于事，老板花天酒地，不理"朝政"，去年就已经关门大吉了。杜威已娶妻生子，生活一时陷入了窘境。王云峰将情况转告王旭鹏，王旭鹏碍于王云峰的面子，同意让杜威回来，但是必须从最底层做起，王旭鹏对杜威说："希望你能够明白，我并不是打击报复。人生没有捷径，走错了路只能从头再来，每个人都是如此。"

某日，王旭鹏在市里最好的酒店单独宴请王云峰，很动情地对他说："兄弟，你知道我为什么能坚持下来吗？"王云峰说："因为你是不倒翁，否则我也不会留下来。"王旭鹏却说："不，其实我早就想甩手不干了。是你让我重拾信心。我想，只要有一个人肯留下，我就必须干下去！"停了一下，他又说："我并不是最坚强的，最坚强的人是你！因为在我想躺下的时候，总有你这双手将我拉起来。"

人生路上风风雨雨，任谁都不可能一路风生水起，又所谓"三十年河东，三十年河西"，谁也不可能倒霉到底。你的上司今日遭难，但别轻视他的能力，或许明日他就会东山再起。做人也别太功利，你今日付出一点情义，谁能说来日不会受益？

俗话说"患难见真情"，越是危急的时刻，上司越能体会到你的忠诚，这忠诚就是你日后直上青云的砝码。那些果敢干练、胸怀大志的上司，即便他暂时遭难，也断不会久不翻身，你应该慧眼识珠，用你的忠诚去打动他，争取日后的"双赢"。

上司逢难，需要下级的理解、安慰、鼓励和帮助，更需要下级以实际行动去支持。我们若能在言语上安慰上司，就会使他心中升起阵阵暖流；若能在行动上助上司脱困，就会被他视为心腹、知己。对于职场人士而言，助上司脱困的最直接、最有效方法就是全力工作，不遗余力地配合并支持上司的运作。

对逆境中的上司献忠诚，也需讲究方式方法，否则一不小心，好心办成错事，便会自找苦吃。譬如，在上司受到处分以后，只要他还没有离开领导岗位，我们就应该一如既往、一切照常，不要心急地当众安慰他。若如此，即便你是出于好意，也可能会被此时分外敏感的他视为嘲弄或侮辱，他只要权力不失，就绝没有什么好果子给你。所以，鼓励、安慰，我们必须私下进行，以此来推进彼此的感情。同时，我们还要最大限度地发挥自己的聪明才智，帮助上司出谋划策，寻找摆脱困境的最佳方法。

领导生气，你要识趣

如果把职场比作一个充满血腥的原始森林，恐怕没有多少人会反对。也会还有人认为两者相比较，职场可能有过之而无不及。那么，在森林中谁是最大？当属森林之王老虎！动用常识进行思考，一只小兔子敢摸老虎的屁股吗？除非它不想活了，想找一个最痛苦的自杀方式。职场中，领导就是老虎，你就是兔子，要学会当一只兔子，也不是件容易的事情。首先就要记住：老虎的屁股摸不得。

领导首先具有的是权威，然后才是对下属的引导和管理。权威顾名思义在一定范围内可行使的支配权，而领导的"屁股"就是在支配过程中领导的心理底线。一旦触及领导的心理底线，他就会开始变脸，然后动用他的支配权去决定你的生死，没有例外。在关键时候，不要试图去强调个性与不羁，那是刚入职的小朋友喜欢做的，高调做事、低调做人才是职场的不二法则，请看下面这个故事。

话说这位广告公司的客户经理王兰，是公司的元老级人物，也是公司的重量级人物，整个客户部在她的带领下上一年取得了较好的成绩。王兰为人心直口快原来曾在另一家业界小有名气的文化公司做过。在当客户经理期间，她和团队的成员关系非常融洽，很会拉拢人心。

有一次一个业务员想休年假回老家，当时他跟王兰说了这个情况，咨询是否公司会批准，因为最近公司业务比较忙，他担心老总会不批。谁知王兰一口答应了下来，说："你直接休，有什么事我揽着。"当公司老总知道了这件事后，当着其他经理的面对她说以后这样的事情要经过他批准才行。谁知王兰根本没接老总给她的台阶，直接嚷开了："我把业务做上去了，我的人想休个假都不行？你放心，少了一个人，业务这块我也能拿下。"她没有看到老总当时的脸已经红一块白一块了。

这样的思维模式最终令她遭遇了挫折。在年底的经理会上公司老总宣布了企业年度的福利分配情况，话音还未落，王兰就脸一沉直接在经理会上说："只给500元，打发要饭的么，某某企业都是双薪了，这样看来还不如回某某企业去做销售员了呢！"其他经理也跟着"起哄"，公司老总被闹了个大红脸，只留了句"福利的事再议"，也提前离开会议室，最后经理会搞了个不欢而散。最后，王兰被炒了鱿鱼，虽说是可忍孰不可忍，但也"罪不至死"呀！同事们都很不解！

枪打出头鸟，不是因为王兰犯了什么不可饶恕的罪过，而是她首先碰到了老总的心理底线。王兰对公司有极大贡献，做出了很好的业绩，认为自己有底气。可是业绩上的绩优却给她带来了智慧上的盲点，首先越俎代庖把老总的权杖抢过来用，老虎发威了，她也没有就坡下驴，反倒吆喝起来。

其次就是在错误的时间说了不该说的话，致使老总威严扫地，非但不支持老总的决策，而且还在经理会上妄谈别的企业，打压团队的士气，并造成了不良的后果，所表现出的是对企业的不认同。她不仅在摸老虎的"屁股"，而是在拿着鞭子打，还招呼他人观看，无视领导的心理底线，她不被炒谁被炒。

老虎屁股摸不得，怎么做才能不得罪领导呢？要怎么在领导面前做一个聪明的下属呢？以下几点需注意：

1. 不要以为你无可替代

对领导来说，完美的组织结构应该各得其所，每个人都像拼图上的一块——无论是边缘部分还是中心的部分，你很难说哪块比哪块重要，但是对于领导来说重要的只是"每一个版块"而不是"每一个人"。有太多人以为王牌在手，没有他公司就无法运营。因为太爱和上司讨价还价而讨掉了自己。即使再开明的上司，也摆脱不了雇主心态，就像那句颇有些难听却道出世态的俗语：两条腿的蛤蟆不好找，两条腿的人还不好找吗？而且你也不要试图证明给他看，因为即便你后来在其他公司工作得再好，你放心，只要你离开了他的公司，他就不会为判断你的价值而多浪费一点点的脑细胞。

2. 知错就改，看脸行事

个性和不羁可能会给你带来特殊的关注，但除了个别特殊的职业外，最好收敛一点。如果你今天烫了一个爆炸的发型，虽然办公室里都称赞不绝，但是当领导看到后，就跟你说了一句话：下午你给我出去办点事，客户那边我让某某去。虽然他没有拿你的头发说事。但最好你还是马上把头发处理好。也许领导看你悟性不错会重用你。表面看来这只是个小事，但是还是触到了领导的底线——你没有把公司的利益、形象当回事。

3. 凡事看旨意，少自以为是

身为上司，他在整个公司层面获取的策略、信息，注定要比你多和准确。不要抱着猜测战略意图的心态。在工作中如果遇到需解决的问题，你要做的只是找到三种有差异的解决方式，然后客观地奉上它们。让领导做决定，这是维护他的权威的最直接的体现。

职场如战场！兵家说："知己知彼，百战不殆。"在某种意义上了解你的老板比了解你的工作更重要！俗语讲："龙有逆鳞！

触动逆鳞者，龙必将杀之。"而每位企业的老板也有着如同"逆鳞"的"心理底线"！触动"底线"者也将凶多吉少！

老虎的屁股在这里有很多重含义，权威、利益，甚至是喜好和隐私等，在职场，作为下属要学会察言观色，除去大的原则性的错误要避免外，例如权威、利益、制度等，还要读懂你的上司，最好在平时就开始积累，领导的做事风格是什么样的，领导的喜好与厌恶的事情是什么。只要用心，慢慢地学得得心应手，但是即使非常了解，也不能自以为是，时刻记住老虎的屁股摸不得。职场真的需要这么小心翼翼吗？当然，否则它也不会被形容为战场了！

领导的隐私，莫打听

很多人在职场上总是莫名其妙地被领导处理，完全与工作能力和工作结果无关，在反省自己到底哪里做错了的时候，很少有人想到其实也许只是耳朵犯的错——偷听了领导的私事。有一种人你似乎应该见过：在言语中控制不住自己的得意，总"不经意"炫耀和老板在一起打麻将、KTV，公差的时候见到老板的"小三"，等等。他们以为这样是在同事中树威信，给自己长"势"。其实最后往往被领导所弃。

每个人都会有隐私，每个人也都有保护自己隐私的权力。领导也不例外，相对于普通员工来说，领导更加在乎自己的隐私，被员工"看透了"，他就没有了掌控全局的优势，授人以柄的状况出现后，压力会激增，最后会反作用到员工身上。所以何必为了吹嘘或是什么目的而探听领导的私事呢？要时刻谨记：好奇害死猫。即使你没有什么坏心，甚至知道后想为领导解一时之忧，也是职场上不允许的。下面这个故事就很有说服力。

四川大学的女孩胡玫毕业后来到长沙，应聘到长沙一家小型广告公司做文案策划工作。公司初创，只有十几名员工。胡玫觉得小公司看老板，平时总是对同学称赞"我们老板人挺不错的，还经常和我们一起熬夜加班呢。"慢慢地她觉得要与公司共成长，于是安下心来努力做事。

一天下午，胡玫拿着最新的策划书，正要向老板汇报工作，刚走到办公室门口，就听老板在和一个客户争执。胡玫忍不住在门口偷听了一会儿，才弄明白原来客户挑剔活儿做得不够好，并表示如果不返工，不但不付酬金，还要向其他业界人士说道说道。老板急了，恳求说："最近我手头紧，你如果觉得我们的方案有问题，可以先付一半的酬金，另一半酬金可以在我们按要求重做后再付。我明天就得发工资了，不能让跟我干的年轻人饿肚子啊！"

胡玫听到这里，心里很不是滋味，她转身回了办公室，向同事们说了她刚才听到的"秘密"。大家听后都觉得应该替老板分忧，工资可以缓发一个月，还委托胡玫向老板表明态度。

犹豫过后，胡玫还是敲开了老板办公室的门。"我们知道这个月资金周转有困难，工资缓一个月发也行，通过我们的努力，生意会越来越好的。"老板紧皱的眉头一下子舒展了，"谢谢你们，我会尽快把工资补发。"

接着，老板随口问了一句："你是怎么知道我资金周转有困难的？"胡玫吞吞吐吐地把她偷听到的谈话说出来，老板只是一笑，并未表现出不悦。

两个月后，胡玫在一单业务中失手，使公司蒙受了损失。在胡玫眼中一向"厚道"的老板这次却狠心将她炒了。不久，胡玫在和老同事小聚时才得知她被炒的真正原因。在公司的一次聚餐中，老板酒后吐真言："喜欢探听老板秘密的员工太可怕了，自己总像没穿衣服一样。"

此后，胡玫在新的工作环境中变得战战兢兢，一天她又无意间听到老板要开掉一位同事，但这次她没有犯错误。她经过一次教训知道了这种错误不犯为好，免得给自己带来麻烦。

其实胡玫是好意的，她是无意间偷听来的信息，本身没有什么不可饶恕的罪过况且她知道老板为难，还主动想办法帮助他。可是无论动机与结果是什么，知道领导的秘密，这件事本身就是个错误。

为什么呢？

一方面因为领导需要树立权威，他的私事让员工知道了，他也许会变成同事之间的笑料，相信无论什么领导都会从根源入手，让其"封嘴"，封嘴的最好的办法就是公司再也不会出现他的声音。另一方面，假如是一个居心叵测的小人知道了他的私事，这件事情就变成了"要挟"领导的一个把柄，领导唯恐到时出大乱子，当然要果断地给予惩罚了。

所以说，不管是什么事情，把握好自己的嘴巴和耳朵，别打听，也不去传播，"明哲保身"这一词用在这里最恰当不过了。否则，遭殃的肯定是自己。为了那么点八卦琐事，不值得。

但是有人又说了，办公室本来就是八卦领地，我不说，别人说，我耳朵就长在那，怎么办？有以下几个方面需要你注意：

1. 做一个职场神秘人。神秘人简单来讲就是来无影去无踪。在职场的表现就是工作时把能力发挥到极致，一旦工作完成，你就要把自己当成一个局外人。即使这样还是有同事向你八卦领导，你就直接借口避开了事，对他说："我还有点事，先去办一办。"慢慢地，同事也就不会再在你这自讨没趣了，毕竟你没什么"娱乐"精神。

2. 做一个传播终结者。如果不小心知道了与领导有关的私事，请把你的嘴巴闭起来。无论任何人都不要说，朋友、同学都最好不说，世界说大不大说小不小，不能有侥幸心理。当然最好的方式就是左耳朵听右耳朵冒，不记得的事当然无法跟别人说起。

3. 与领导保持一个安全的距离。既不能让领导觉得有压迫感，又让他感觉你是自己人。这中间的学问要学会。第一，要观察而不是偷窥，就是光明正大地吸收领导自己放出的个人信息。第二，要吸收而不是散播，也就是说要埋在肚子里，而不是做一个大嘴巴。

4. 关键时刻要有眼力见。所谓眼力见就是能够巧妙地帮助领导解围。有的时候，领导面对难以亲自出面解决的私事时，你可以借着工作的事情，直接说："看您好像有烦心事，有什么跑腿的啥的，直接招呼我吧。"在这过程中不能表现出你已经知道了他的私事。

不打听八卦，除工作外不与同事太过接触，尤其是不在同事中树立口无遮拦的形象。说起来容易，做起来难。要做一个聪明的下属，首先要做一个聪明的同事，也就是说不仅不能八卦领导的私事，连同事之间的八卦最好也避之不及，因为习惯是日积月累来的，习惯养成了很难改。有人说性格决定命运，性格其实某种程度上就是个人习惯的不断累加，所以习惯未尝不是决定命运的直接原因。管好你的嘴和耳，培养出有利于职场的习惯，其实不难，只要时刻想想：那点破烂事就那么有意思吗？

新官上任，先看哪儿先起火

天上不会掉下馅饼，但职场中会突然出来个"空降兵"。完全陌生的面孔，完新的工作方式和工作风格，这种种的事情都让人非常困惑。一个是一起打拼的旧部，一个是走马上任的新官。当老员工遭遇新上司，各人心里都有杆秤，想掂清楚对方的分量。而这种较量最先就在"火灾现场"，也就是那所谓的"新官上任三把火"了。

"新官儿上任三把火"是句俗语，古时县官上任接班，往往要做几件事，第一要拜庙烧香，到哪个山头拜哪家佛，显示自己尊儒崇道的同时赢得当地人民的认同；第二就是清查账目和人事，这可以说是对自己权势范围的一种确认。第三就是传考生童，拜访乡绅。这看似是平常之举，其实是在依仗老人，培养新人。这是人人熟悉的一句话，但在职场上却有很深的内涵。

古往今来，中国的职场政治大多万变不离其宗。在现代职场上，遭遇空降上司，首先要研究你的新领导会把火点在哪里呢？我们看完故事后再来分析分析。

丹燕最近很是郁闷，随着公司新上司的到任郁闷也来了。其实早在年前就传出，公司另一个部门的副手将要来办公室任一把手了。节后一上班，新上司果然驾到，他三十出头，帅气十足，据说还是单身呢。她心里暗喜：和这样的帅哥一起工作，带劲儿！可是，真的工作起来，却恰恰相反，让人郁闷的事儿真不少。

首先，他不苟言笑，特严肃、刻板，还特别爱批评人。原来的主任非常的和颜悦色，如果犯了点小错，他也不会批评，顶多说句以后要认真等。但是新上司很不同，报表上出了一点小错误，他都要唠叨半天，丹燕想说自己报完表还有核对的人呢，错了改就是了，用得着扯上不够敬业、不负责任这么一大堆道理来吗？新上司刚来一周，她已经被批评两次了，觉得很委屈，很丢脸。

还有就是新上司特别爱加班，好像他觉得世界上不是工作狂的人就是不称职的人似的。以前的主任很少让他们加班，活实在多的时候，也允许他们把活带回家里，从来不硬性要求加班。可是现在不同了，到了下班时间，丹燕也不敢轻易离开，要等主任走了以后再走，可往往是临下班了，新活儿也来了，于是新主任发话了："今天得把这个领导的讲话稿件赶出来，后天要用。"心想：后天用明天再弄也不迟呀。可没办法，还是得加班。

丹燕面对陌生的面孔、全新的工作风格和方式，非常地不适应，这是一般员工都有的事情，于是对新上司的工作消极对待，总是说反正"他看不上我，做再好有什么用？"其实，这样想就大错特错了。如果不摆好心态，无疑葬身于新上司的火场之中。其实丹燕的新上司火点很明显，就是要树立权威，新是与旧对立的，旧领导为什么会被调走或者离任？想想你以前在工作中有哪些"幸福"的事，现在就该好好考虑考虑了。下面这个人就考虑得很是周到：

新经理来了，没有带新的秘书，于是陈晨就顺理成章地从办公室文员升任他的秘书。为了做好新工作，陈晨从别的同事那里了解了新经理一些事，比如工作方式、风格、性格，心里多少有了一些底儿。另外，陈晨还买了相关书籍，比如秘书学、心理学等方面的书籍学习。这些准备为适应新老板打下了很好的基础。

新经理上任前一天，陈晨主动把他的办公室打扫得干干净净，办公桌上的资料整理得井井有条，电话也是擦得一尘不染，就连抹布也是陈晨自费换的新的。第二天一上班，看到办公室如此干净，新经理连连称赞陈晨做得好，工作认真细致。就这样，自己给新经理留下了很好的第一印象。接下来，根据陈晨了解到的信息，新经理性格偏内向，听工作汇报喜欢精练简短，非常喜欢游泳等运动。

于是，陈晨从来不跟他开玩笑；汇报工作时提前做好准备，一般的事情不超过3分钟，重要的事情打好腹稿，也尽量简短；陈晨还通过男友的关系，搞到了一张一家高档酒店的游泳券，很体面地送给了他。总之，陈晨觉得，跟新上司打交道就要主动一些，在了解了他的性格、工作风格甚至爱好后投其所好，让他感觉到你在主动配合他的工作。

新领导上任后，聪明的下属一般都会从心理上、工作表现上表现出一种积极向上的劲头，以给新领导一个好的印象。就像陈晨这样。这实际上是争取领导认可的一种初期行为，离被领导基本认可和最终肯定尚有很大的距离，但是最起码你开了个好头，为以后的工作打下了很好的基础。所以在火灾现场的你应该要保持警惕，投其所好，在认真完成工作的同时，改变心态上的固有思维，"适应"才是硬道理。

一般新领导上任之初都想把工作干得漂漂亮亮，尤其是头几把火都想烧好，怎么烧好呢？下属只有在这其中起到助燃的作用，才能得到领导的赏识。以下三点要切记。

1. 小心雷区。新官上任当然头一把火点在"燃点最低"的地方，也就是原单位或者公司最该整顿的地方。这地方最容易给人以新气象的感觉。单位或者公司的症结在哪儿，你别企图以身试法，根本不会有效果，甚至会让你"死无葬身之地"。别留恋旧领导，旧领导不论是调走升迁还是离任卸职，不论你对于旧领导是尊还是嫌，这一切都是过去时了，所以面对新领导最好新事新议，别整天抱怨，别对什么都不屑一顾。

2. 当助燃器而不是灭火器。一般新领导第二把火会点在最易燃烧的地方。也就是最容易出成绩，在最短的时间内出成效的领域。在这个过程中他会运用一些新的工作方法和工作方式，推陈出新。不管新上司制定什么样的新政策，烧什么火，作为职员，在这当口切勿妄谈新政，首要任务必须是完成自己的本职工作。新领导也不傻，阿谀奉承的话最好适当，工作成绩才是领导判断你能力的最终依据。

3. 做一个有能力的加油工。新的领导带来的是新鲜的血液，新鲜就意味着未知，可能有个好的前途也可能打道回府。领导的命运其实就是你的命运。积极主动地帮助他，提醒他，让他尽可能地了解具体情况，给他提供改革的素材，或者把有创新性的工作思路提供给新领导进行参考。面对新领导，试着抱着学习的态度，相信如果他的这几把火烧得好了，你的前途也会无限光明的。

这三把火有些人可能看出来了，是一种循序渐进的关系。如果你的新领导刚上任你就直接提出工作意见，他肯定会说："我需要你来指导吗？"所以把地基打好才能盖起高楼来，职场上的"豆腐渣工程"也是要不得的。

一个新官儿，也像前任那样，按部就班，因循守旧，还要他干什么？假如这个单位前任已经弄得破烂不堪，他还在因循守旧，那不是在带领大家前进，而是带领大家倒退，带领大家走向深渊。所以新官上任三把火不是故意为之或摆摆架子，只要作为下属的你能够认识到这一点你就首先成功了一半。然后在工作中认真负责，这三把火怎么也不会烧到你，甚至会将你越推越高，所以新领导的三把火，看似挑战，其实是个绝佳的机遇。

第八章

与其抱怨，不如担当责任

　　有些人抱怨自己做不好事情，但从来没反思过自己为什么做不好。好多做不好事情的人，往往认不清自己所担当的责任。与其抱怨，不如认清自己的责任，让自己做到有的放矢。

你的责任，来源于你的坚持

一个人在工作中要参加部门组织的职务竞聘，他选择了"副部长"，回家后妻子说："副的好，副的没那么大的责任，什么事情领导顶着，当个不大不小的官坐收渔利，我的选择没错吧。"谁知妻子反驳道："不想承担责任，你永远也成不了大器。"

是的，三天打鱼两天晒网的员工永远得不到上司的赏识；这山望着那山高的下属也不会拥有节节高升的机会。忽左忽右游离不定，最终只能在一片废墟中独自哀叹。在工作中不把自己放到组织内部思考大局，不看重团体的发展，只想着自己的利益，最终不会有什么大的发展。粮库都收不到粮，你怎么会有饭吃呢？某种意义上来讲，对公司的责任尽到什么程度，决定了你能走多长远。

所以说，承担责任才是对自己最大的忠诚。如果有人不这么认为会怎样？

张山是一名房产策划，在公司领导面前总是逞能，但是工作往往不很认真负责。自己分内的事如果成功了，就会说自己的决策英明。如果失败了会找一大堆借口来搪塞。无论与谁交往，都会喜欢摊开双手，表现出一种无能为力的姿态。喜欢随大流。"随便""都可以"似乎早已成为他的口头禅。同事们喜欢周末一起搞点活动，在交通工具上，每次都是别人替他安排。材料道具等都是大家准备。事事放手，让别人去做，慢慢地，大家都在积极组织和配合，他逐渐被拉入闲杂人等的行列。

他对工作不上心还有一点原因，他总想着给自己搞点副业，这样就能两手抓，两手都能赚钱。用工作时间去接点私活，偶尔有几千块钱的收入，他逢人就夸耀自己的聪明才智。

有一次领导同事们在一起搞活动，张山想要表现一下，于是抢着做一些工作。但是分来分去，没有他的活了。整个过程中，他似乎没什么存在感。领导开始注意他，发现在工作中他也是这样的"表现"。什么事情有他没他都"没关系"，非常生气，但还顾及他有点才华没有弃之不用之意。可是终有一天领导发现他竟然拿公司的资源在接私活，分内的事情还一团糟呢。于是愤怒地把他开除了。

其实，做一个不可或缺的螺丝钉，不是什么豪言壮语，它是你对于自己的认可，就像张山一样，在一个可有可无的位置上，会让领导和同事把你当成透明的空气，就像根本没有你这个人似的。究其原因责任在自身。其实是你自己让大家看不见的，因为你什么事情都没有做，做自己应该做的事情，让自己成为整个工作中必不可少的环节，才能使自己发挥作用，也才能让领导重用你。

另外，把自己的利益凌驾在整个公司上，不想承担责任只在乎自己那点"小九九"的人，怎么能够得到领导的赏识呢？只有大河水满，小河才有水。有人说这是在被领导利用，可是最大程度上体现你的利用价值，你才能获得最大的"回报"。这是原则，万万不可超位。甚至有时，公司与你个人利益上发生冲突，这时你千万不要一时糊涂，为保全个人利益，把公司利益置之度外。对你的工作负责，对公司负责就是忠诚于你自己。

但有人说了：你说"责任"，总不能就拿"对待工作认真负责"这几个字来解释搪塞吧？当然不是，如果是这样，本身就是不负责任的表现。那么，怎么让领导知道你负责呢？简单来讲下面有几点原则：

1.把分内的事做好。我们说某人工作认真负责。这认真负责就是能够对自己的任务承担责任，能够按时按量地完成领导安排的工作，不拖拉不懈怠。拖延症要不得，我们的任务是和收获对等的，既然你接受了这份工作，就要对得起领导给你的薪酬。这样想的时候，往往会少抱怨而多动手。领导交代的任务完成进度要及时汇报。

2. 别在领导面前掉链子。"不掉链子"是很高的评价。"不掉链子"是对工作负责，是大局意识。这里有两点，首先：有承担责任的能力，从最基本的工作开始积攒自己的经验，充实自己，并且这种自我努力要让领导看见，让他知道你是只潜力股。其次：自己能力所完不成的事情，一定要寻求帮助，不能自以为是，狂妄自大。可以向同事求教，或者与同事商讨。有人因为面子问题不喜欢这样做，仔细想想"面子值几个钱"。另外还可以向领导求教。适当地在领导面前装嫩，也是很不错的选择。如果一个项目或者一件事情，因为你的盲目自信而掉链子了，这在你整个工作前程上都不是个好的兆头。

3. 知错就改，敢于承担责任。如果是你的责任，不能畏畏缩缩地不敢承认，不敢担当。承认错误是一种承担，尽量弥补也是一种承担，承认错误可能会损失自身的利益，但是让领导看到了你的大局意识。别想不承认搪塞过去，别把领导看成傻子。畏畏缩缩地不敢承担自己责任的人没有大的发展，因为他总是在错误的道路上徘徊，甚至让整个大局都损失，大局意识就是以领导、上级、公司的利益为大。

4. 承担事后责任不能老背他人黑锅。勇于承担事后的责任，不是要大包大揽，背黑锅的事情如果总是你干，那么遇到什么事情他人最先想到你是个非常好的替罪羊。这是在把他人的错误往自己身上揽，是在为自己抹黑。同时他人的错误得不到惩罚，就能更加肆无忌惮。这样做完全是"损人不利己"，所以该自己承认的就自己负责，不该承担的不要替他人背黑锅。

在职场上，初出茅庐的人很多都是"差不多先生"，甚至慢慢地变成了"三个和尚"。好一点的和尚当一天和尚撞一天钟，他自己认为已经尽到了责任。其实责任是把公司、领导的利益放在最前头，让自己创造价值，这才是对自己的忠诚。能做的事情尽量做好，不能做的事情创造条件也要做好。这些条件就是：能力的提升、自我的反省、社交技巧的掌握等。

责任体现价值

相信很多人都看过这样一个故事：一群人，个个都背着一个沉重的十字架上路，途中有人想了：这个十字架太沉重了，于是就将十字架砍掉了一块，觉得轻松了很多，慢慢地他上了瘾似地不断砍啊砍，最后拎着根木棍轻松地走着，心里还在想：这帮傻帽，看哥走得多轻松，你们在后面望尘莫及吧。当然，由于他最轻松，暂时走到了最前面。

走着走着，谁料，前边忽然出现了一个又深又宽的沟壑！沟上没有桥，周围也没有路。该怎么办呢？后面的人都慢慢地赶上来了，他们用自己背负的十字架搭在沟上，做成桥，从容不迫地跨越了沟壑。可惜啊，他的十字架之前已经被砍掉了长长的一大截，根本无法做成桥帮助他跨越沟壑！于是，当其他人都在朝着目标继续前进时，他却只能停在原地，垂头丧气，追悔莫及！

其实，我们在工作中都会背负这样或者那样的十字架，这十字架是压力，也是责任、义务。也正是这些责任和义务，构成了我们的价值。换句话说没有责任就体现不出能力，试想你的领导交付的任务，本来并不难，完全在你的能力范围内，但是那一天你突然犯了拖延症，最后没有完成工作。第二天你怎么好意思跟领导说我有这个能力，所以我可以请求赦免？本来你也是有这个能力去跨越沟壑的，可是谁让你贪图一时的轻松而把责任全放诸脑后了呢？所以说只有责任才能让你的能力凸显出来，才能让你发挥最大的价值。

做个受欢迎的人

某公司保卫科有甲、乙、丙三个人，老科长退休了，公司决定从他们三个人中选出一个担任新科长。三人都信心满满期待公司的任命。不巧公司仓库发生了一起火灾，幸好保卫人员采取了有效的措施，公司并没有因这次意外而损失多少。于是，公司决定事后论功行赏，就此机会发布新任保卫科长最终人选。

甲觉得自己很够格，因为在事故发生时，他第一个奋不顾身跑进火场，抢出了公司非常重要的物资，身上还被烧伤了。乙也觉得自己做得不错，他第一时间报了火警，然后开了消防栓灭火，他觉得自己有管理能力，最起码局面掌控得很好。可是出乎所有人的意料，老板只是给他们两人一千元钱，却任命丙当保卫科长。

可是当时丙明明是待在家里的，没有在现场参与救火。众人不解，为什么要提拔丙做科长呢？

老板说："因为他和我吵了一架，生气了才待在家里的。"

众人更是一头雾水，他目无纪律，目无领导，那更不能提拔啊！

面对众人的疑惑，老板抿了一口茶，缓缓说道："那天，他找到我反映公司的消防有隐患，要立即整改，我说公司正忙着，等这阵子忙过再说吧，他生气了，然后就撂了摊子。试想，假如我当时听他的，就不会有这场火灾，就会没有一点损失，你们说他的功劳是不是最大的？"

众人都明白了，老板看中的是丙对工作的责任心，而不是甲、乙出事后表现出的勇敢。

责任才是能力得以凸显的平台，丙完全有能力避免火灾给公司带来的损失，而不是像甲和乙一样去挽救，避免和挽救是完全两个不同的概念，责任和能力却是同一战壕里的战友。你有没有这样的经历？早上在公司报了到，然后跑出去喝咖啡、洗桑拿，甚至进赌场，下午下班前再回公司"汇报"工作。上司问你要找的客户找到没有，你就说"客户不在""客户没空，约好明天见""今天走访的客户太多，没来得及"。你都没有把工作负责得完成到位，凭什么说自己有能力？工作结果呢？能力证据呢？

即使能力再强，如果他不愿意付出，就不可能创造出价值，而一个愿意为公司或者单位全心付出的员工，即使能力稍逊，也能够创造出最大的价值。说到这里，深觉下属和领导的关系与现代婚姻关系很像，有一句话现在这社会上很流行，说得颇有几分道理，说：看这个男人爱不爱你，不是看他有多少钱，而是愿意为你花多少钱，如果他只有十块钱，但是愿意为你花九块九，遇到这样的男人就果断嫁了吧！

下属应该就是那个愿意为领导花九块九的人，而不是空有一身本领，却一点也不为领导解忧，一点不创造价值的人。能力永远由责任来承载，而责任本身就是一种能力体现。唯有责任才能让能力展现最大价值，富有责任感的员工富有开拓和创造精神，他绝不会在没有努力的情况下，就事先找好借口，他会想尽一切办法完成上级交给的任务。正所谓，没有做不好的工作，只有不负责任的人。

作为下属，要沉下心来工作，你的价值是跟你的价格成正比的，领导不会亏待你。相反，那些在工作中推诿的人，老是埋怨环境，寻找各种借口，为自己开脱，他们往往是职业的被动者，即使工作一辈子都不会出色。

"责任"是最基本的职业精神，负责任的人才能把能力转化为价值。这里提醒一句：从小事做起，从身边的事做起。这不只是少先队员学雷锋的口号，它更是一个恒久不变的职场定理。

富有责任感的员工很少在没有付出努力的情况下就找借口为自己推脱，努力了，条件不具备创造条件，人手不够自己就多付出一些时间，总之，他会以不变应万变，不变的就是认真负责的态度。往往经过了艰难险阻，都会有所收获，这种人，领导不管派他到哪，他都不会无功而返。都会在不同的岗位上让能力展现出最大的价值。是金子到哪都发光，这就是因为有一颗认真负责的心。

属于自己的事情，再难也要做好

一天，有个领导分配给下属一个任务，给某客户发一份传真，这位下属脑袋里只有三个字"发传真"，觉得这么丁点的小事还需要我去做吗？于是他直接吩咐了助理。可是最后因为助理只按号码发过去后就没有再跟进了，客户对此很是不满意，这个小小的事件却给整个公司带来了非常大的损失。

领导安排的工作看似执行了，其实没有。领导所谓发传真意味着你要做以下步骤：1.向对方确认传真号码；2.向对方确认收件人是否在公司；3.传真前检查传真件中各项内容是否正确、齐全、清晰；4.要求对方给传真信号的专业口吻；5.传真后向对方（最好是收件人）确认是否收到、是否清晰、是否齐全，何人何时将继续跟进此事；6.在已发传真的文件上注明"已发""发件人""发送日期"，最后存档；7.必要时向有关上司报告工作进度或转交有关跟进人员。完成整个7个部分，你才算是真正完成了领导给予的工作任务。缺一项都是失职，没有把工作落实到位。没有把指示落实到位，就是没有完成工作，没有任何借口。

领导因明天需要出差，所以让单位张建去火车站买车票，张建接到任务后马上就出去了。一个小时以后，回到了公司，跑到领导面前说："领导，火车票卖完了！"领导问："结果呢？"他的回答依然是卖完了。于是，领导把王峰叫到办公室，还是让他去买火车票。同样，一个小时以后，王峰回来了。张建急忙问王峰："王峰，火车票买到没有？"王峰说："没有，确实卖完了。"张建一听心里非常得意，心里暗自想着：领导，王峰不也没买到吗？王峰同样到办公室报告领导。

可是，不到五分钟，领导让张建进去。张建一进去，领导便批评张建说："你要学学人家王峰是怎么办事的。"张建非常纳闷：哪里不一样呢？不也是没买到火车票吗？这个时候，领导说："王峰总共列了四种方案：第一种：从票贩子手里可以买到五张票，不过每张要多一百元。第二种：托朋友关系，可以让列车员同志送上车。第三种：坐豪华大巴每人需要一百元。第四种：可以坐飞机，机票1200元/张。同时，王峰建议坐豪华大巴，既经济实惠，又"奉公守法"。请领导指示！"

王峰思考过领导购车票的目的，是为实现明天顺利出差，购车票本身不是目的，直接把工作的任务定义为：能够让领导顺利出差，这才是领导最终想要的结果。所以他懂得当没有结果时要创造结果。有些人例如张建，从来不用脑袋去思考，领导让干什么就干什么，干不成就把结果直接丢给领导。其实领导不是需要一个跑腿的，而是一个解决问题的员工。

所谓人浮于事或者人毁于事，执行力出现问题往往表现为"拖延""借口""缺乏热情"。质量是是否有效地执行的结果，而有效执行就必须要有责任心，责任心源自良好的职业心态。那么，有执行力的员工都有哪些特点呢？

1. 从来不会无功而返。即使工作执行过程中有很多困难，但是他总能通过自己的分析和判断看清方向，随着环境和条件的变化，提升自己的快速应变能力。把"不可能"变成"可能"，从看似没有路的地方找到落脚点。

2. 思维活跃富有创新力。凡事都没有绝对，再困难的事情也不是没有解决的方法，而是你是否认真寻找。

3. 组织能力、团队能力。一个人的力量不论怎么强大都是相对有限的，工作中遇到困难，借助他们的帮助，通过团队协作的方式完成整个工作，在这中间组织力和影响力非常关键。

4.求胜欲强烈。简单地来讲有点似拼命三郎，在这个竞争激烈的社会里，拥有拼命三郎的心态是持续保持工作热情的必要砝码。

光知道有哪些特点还不行，就像我们知道成功的人都不睡懒觉，可是偏偏轮到自己头上，那瞌睡虫怎样也不肯走似的。既然知道了什么是好的，那就要它迸发，在职场上，这种执行力是可以培养的，具体说来可以总结为四个字："严""实""快""新"。

总的来说就是要严格要求自己，培养自己的自律意识，少说话多做事，开启你的小宇宙，让思维和行动都快速地运转。看似非常摸不着头脑的话，其实点一下，你就可能恍然大悟，给自己准备个工作笔记，把工作任务、领导的指示一项一项列出来，当完成一项时，就把它画掉，当你一天下班的时候，看到满满一片的杠杠，应该非常具有成就感。

作为一个下属，如果在工作中只看重过程，把领导交代的事走个过场，这就是一种执行力低下的表现。如果想要得到提拔，想要在工作中崭露锋芒，就必须学会"用结果说话"。领导让你种花，你把花籽都撒在花坛里，最后种子没有发芽开花，无论你多么用心地研究领导喜欢什么花，什么花漂亮等，都不能改变最后的结果。可以说任何没有达到最终所要结果的行为是毫无价值的。

想做领导，首先勇于承担

一个搞测量的小职员，怀疑测量仪器出现了问题，他果断地提出修正，最后可能为公司挽回不必要的损失，尽管计量工具的准确性不是属于他的工作，但是就因为有责任感，他被领导刮目相看。并获得一个脱颖而出的好机会。如果没有这份责任感，哪来的机会让他脱颖而出呢？

责任感是职场人士的一大亮点，尤其是对初出茅庐、没有过多工作经验的职场新人来说，责任感能够迅速地让你受到领导的关注，成为领导眼中的关键人物。也许公司的大决策他都要听听你的意见，因为他相信你。可见对于职场新人来讲，责任感能够让你走进领导的事业，成为他不可忽视的人。

一个年轻人要想成功，必须有独特的方式，干出意想不到的业绩出来。可是刚入职场能力有限怎么办？用责任感来为自己装饰。它可以让一个职务低微、身无长物的小职员成为老板眼中的"重磅员工"。

毅是一名应届大学毕业生，他来到这家房地产公司上班还不到一个月。他发现很多水泥质量不行。这样下去，房子质量不行，会影响公司的声誉，公司会有非常大的损失。

于是，他去找工地工人，跟他说了自己发现的问题。可是这位工人说："都是这么做的，如果有问题，工程监理会说的，这个就不用你操心了。"毅又找到工程监理，谁想到工程师很自信地说："没问题，我们一直以来都是这么做的。"工程师并没有把他说的看成是一个很大的问题，还暗自认为，一个刚刚毕业的大学生，能明白多少，不会是因为想博得别人的好感而表现自己吧。

但是毅还是认为这是个很大的问题，于是拿着施工水泥的样本直接找总工程师，他说："先生，你觉得这水泥怎么样？"

总工程师看了一眼，说："这水泥是时间太长了，谁家盖房用这样的？"

毅说："是我们公司的。"

"怎么会，我们公司的建材一直以来都没有问题。"总工程师很诧异。

"可是，确实是我们公司的。"

"看来是出问题了。怎么没有人向我反映？"总工程师有些发火了。

总工程师召集负责技术的工程师，经过检查发现，原来是提供水泥的厂家换了法人，而水泥质量严重下降。

公司的总经理知道了这件事之后，不但奖励了毅，而且还晋升他为工程总监理。总经理不无感慨地说："我们公司并不缺少工程师，但缺少的是负责任的工程师，这么多工程师就没有一个人发现问题，并且有人提出了问题，他们还不以为然。对于一个企业来讲，人才是重要的，但是更重要的是真正有责任感和忠诚于公司的人才。"

毅从一个刚刚毕业的大学生晋升为工程总监理，可以说是一个飞跃，他工作以来第一次成功来源于强大的责任感。他的这种责任感让领导可以对其委以重任。

作为一名下属，如果你能对工作有一种强烈的责任感，那么你肯定是一个容易成功的人。由于你的责任感和不断地努力，公司才得到了长足的发展，那么老板最先奖赏的自然就是你。你为公司付出你的责任感，公司当然也会对你的发展负责。你将会得到老板的赏识，这样你自然就能脱颖而出了。

尤其对年轻人来讲，在你要经验没经验、要人脉没人脉的时候，凭什么在众多同事堆里立足？凭什么在领导面前出彩？凭的是你的责任心，凭的是你能够全力以赴为公司所做出的努力。凭的是你永远把公司的利益放在第一位，凭的是你是一个让领导信任的人。

所以对职场新人来讲，责任心更加重要，它是你事业的利器。

如果你的领导让你去做一件事情，你发现如果这样做了会影响公司的利益。这时你完全可以理直气壮地说出来，没有必要怕和领导起冲突，让领导明白，你不是刻板地执行他的命令，而是从大局考虑，从公司的利益考虑。领导不会因为员工的责任感和忠诚而批评或者责难你。相反，老板会因为你的这种责任感而对你青睐有加。一种职业的责任感会让你成为一个值得信赖的人，你将会被委以重任。

想获提拔，使命感是你的"资本"

一般公司老板在提拔人才时，吃苦耐劳的员工是最获青睐的。至于那些老是发牢骚、踢皮球的员工，老板压根儿也不放在眼里。为什么有些人吃苦耐劳呢？是因为他们傻吗？不是的，认为他们傻的人才是真正的傻子。

没有一个领导愿意任用专要自己那点小九九的人，也没有一个领导愿意看到身边存在一个定时炸弹。领导不是瞎子，当你为他考虑，为他努力工作的时候，他也会为你考虑，为你谋福利。人心都是相互的，领导也不例外。使命感是人心里对某一件事情的认同感，从而愿意为之付出，是一种舍我其谁的精神。

小苏是某广告公司的设计，最近公司接了一个大项目，这不仅关乎公司的盈利，还关系到公司的生死存亡。小苏所在的这个广告公司规模不大，老板创业一年多来可谓是非常地艰难。最近公司里流传一个事，说不久公司就要倒闭了，老板正在准备寻找自己的出路。

这件事情让大家都人心惶惶，即使面临一个大项目，可能扭转公司的局面的情况下，还是有人认为不管怎么努力都会是无功而返。有同事开始劝大家趁早出去找工作。只有小苏还在为广告的创意设计加班加点，同事们都劝他，可是他不听，说："只要有项目让我设计，我就在这个公司待到最后一刻。"他这么说是有原因的，当时他进入公司的时候，就承诺过绝对会与公司共进退。况且他也看到了这段时间老板也在奋斗，自己亲力亲为地在做方案。

当提案的那天到来的时候，老板把策划案简单地说了一遍后，小苏的设计提案开始了。他非常精彩地把自己的设计稿呈现了出来，并且配合领导的整个方案，简直天衣无缝。

结果当然是他们胜利了，小苏直接被提拔为设计总监。

使命感对于一名下属来说非常重要，把工作看成是一种崇高的事情，就像小苏那样，站好每一班岗，做好自己应该做的事，把自己的工作当作是一种领导赋予的使命。你才会全身心地投入，而不是今天努力，明天放松飘忽不定。

使命感说来只有三个字，但是这三个字所承载的东西太多太多。下面我们就来研究研究：

1. 使命感就是要时刻准备着

永远要有这样的心理准备：如果上司突然交给你一个任务，并要你在短时间内完成，你必须有兵来将挡、水来土掩的能耐与决心，千万不可表现出不知所措的恐慌状。

2. 上司永远是第一位的

千万记住，老板的时间比你的值钱。当他派一项新任务给你时，最好立刻放下手边的差事，以他的指令为优先。比如说，当你正跟别人通电话时，上司刚好要找你，你应该当机立断终止通话。假如通话的对方是公司的重要客户，你不妨以字条或唇形知会老板。总之，尊重老板的存在是下属与上司关系中极为重要的一环。

3. 做一个可以影响上司的下属

使命感不是让你唯命是从，而是应该唯企业利益是从，当领导疏忽的时候，你应该即时补救，并且用你的行动和思想去影响领导的决策。领导要的不是一个奴隶，而是一个优秀的助手。

4. 善于沟通不怕受累

在你的字典里，应该没有"对不起，我没空"这样的词句，这句话是从属关系中的大忌。要想收获，就必须付出代价。如果你的上司要你负责额外的工作，你应该感到高兴与骄傲，因为这表示他看重你、信任你，且极有可能是他在有意识地考验你承受压力与肩负重责的能耐。

5. 承担自己的错误

如果你在工作中犯了比较严重的错误，怎么办？与其逃避责任，不如试着冷静下来，评估事态的严重性，并研究可行的补救措施，然后视情况向上级反应，万万不可在情况未明朗之时告诉上司，而又不知如何解决；更不可装作什么都没发生，企图遮掩过失。有自己的主见，养成临危不乱的沉着，这才是上司欣赏的特质。

想当领导的左右手？想当一个领导看重的人？想当领导眼中的"自己人"？那就必须把领导的事业看成是自己的使命。

想要把工作做好，就要敢于担当

"明哲保身"，在某些人看来是保护自我的一种方式，更是作为职场人士的首要准则。在工作中，只完成自己分内的事，遇到困难也是大家的事，反正有人出头，何必冒着挨打的风险。持这种观点的人实属多数。这些人变成了"沉默的大多数"。

而少数人困难当前带头前进，最后赢得了荣誉和赞赏。即使失败了，他还会再战，因为他敢于担当，最终自然获得成功。

人都是有惰性的，尤其是作为下属，总是想着把领导安排的工作做了就行，往往缺乏责任感，"事事有人顶着，成败的结果不需要我去承担"。往往在这么想的时候，你连手里的工作都无法完成到最好，也不会把工作执行到位。责任心决定你是否把工作都执行到位，也决定了你能走多远。

　　小兰是一名房地产策划助理，平时工作不忙，多半是帮助策划经理一起组织活动，制定广告方案等。朋友们都说她找到了一个好活，轻松而且赚得还不少。小兰也就把分内的工作完成了即可，有时完不成，领导也不会批评她。

　　后来，顶头上司跳槽了，公司一时找不到合适的人员，于是就直接让她做代理经理，等找到合适的人选的时候再说。小兰想到要把整个房产策划任务承担下来，就有点害怕，怕自己做不好。但是自己既然应承了下来，似乎也不好说不做。于是她买来很多相关书籍，开始学习专业知识，遇到不懂或者拿不准的地方，她就问前辈，或者直接与老板商讨。慢慢地她的工作有了很大起色。公司正式任命她为经理，还给她配了一名助理。

　　让她感觉非常好笑的事情是，她的这个助理跟原来的她的工作态度简直是一个模子里刻出来的。没有什么责任心，做事忘东忘西的。她终于知道了一件事：担子不在自己身上，永远不知道责任两个字是怎么写的。

　　小兰勇于把工作承担了下来，这需要很大的风险，因为一旦失败，领导会对她的能力产生怀疑，也许连最让人羡慕的助理一职都不保。但是她很勇敢地承担下来，并且为之努力。于是她开始认真工作，开始检讨自己的不足，开始把工作一个一个执行下去，开始把工作效率和业绩看作第一。

　　是的，勇于承担的背后是对自己工作任务的重视，是对自己的一种认可和褒奖。敢于担当的人，会主动地学会思考。

　　只要敢于担当就行了吗？当然不是。面对困难带头前进，需要勇气还需要与人协作，有你带头势必要有人跟随，而在整个团队中，人与人之间的协作才是关键的部分。怎样协调和分配，怎样冲锋或者撤退，都是一个有勇气带领大家面对困难的人应该考虑的。敢于担当是你对自己的一种锻炼。大到承担责任，小到事事细心。相信你所做的一切领导都看在眼里了。这里我们对于"如何担当"还有几点提醒。

1. 平时要多储存能力

一个有能力的人，才敢带头，也才能带领大家面对困难取得最后的胜利。所以，平时多培养自己各方面的能力，才不会在困难面前手足无措。一个手足无措的人谈何带头前进？试想在茂密的森林里，一群旅者迷了路。指南针也丢失了。这时如果有一个会看太阳，懂得经纬度与太阳角度的计算，懂得利用太阳影子来计算角度，势必能够看清方向，带领大家找到出路。这个能力其实不难，我们在高中地理与代数课程中早已学过，可是往往大多数人都忘记了。这么一点看似微不足道的能力，就能解决问题。所以平时多积攒你多方面的能力，非常重要。

2. 不能退缩

狭路相逢勇者胜，只有你有了勇气才能在重重的阻碍面前不退缩，一个人不退缩才有可能突破。经常抱着"试试看"的心理很重要，试了就有突破的可能，退缩永远就只有失败。在工作中，遇到什么事情，一定要尝试，也许就是这个微不足道的尝试，能够锻炼出非常的勇气，慢慢地，面对极大的困难时当然也会试着去亮剑，然后勇敢地做事。

3. 做第一个站出来的人

第一个站出来。这样能够打消他人心中的疑虑，鼓舞大家的士气。即使你没有领袖的能力，只要你第一个站出来，这行为本身就可以造成巨大的能量，使队伍中的人都发挥自己所长，最后团结协作地完成一项任务。

4. 带头的同时注意倾听他人意见

一个只会带头向前冲的人，冲到一半也许发现自己的决断错了。而他人也愤愤地觉得你只会一意孤行。在面对困难的时候，大家是一个整体，听取他人的意见，不但能在你周围逐渐形成向心力，也许还能为你打开思维，对完善自己的解决方案有很大的帮助。

5. 能屈能伸不能冲动

面对困难，明明知道自己没有多大的本领，却非要带头。认为这事情必须由你做，其实这只是想要得到事后的功劳。这是不对的。如果有人带头，并且大家都认为他比较有能力带领大家，那么心甘情愿地做一个跟随者，发挥自己在整个团队中的作用，才能够使事情变得顺利。要有大丈夫能屈能伸的心态。屈时不抱怨，伸出亦顽强，这样才能避免冲动带给你的"惩罚"。这在领导看来你就是一个有大局意识的下属，相信他会对你刮目相看。

在困难面前既然你敢于担当下来，你就需要分析形势，分析利弊，做到考虑周全，有一个整体的思维的同时对工作有精心的安排，对经手的每一件事都认真对待。久而久之，担当责任不是让你恐惧和有压力，而会让你的能力得到非常大的提升，工作效率得到一个质的飞跃。你在领导的眼中也会"越来越红"。

有了责任，你才会发挥你的潜力

司马光在《资治通鉴》中指出："才者，德之资也；德者，才之帅也。"简单来讲就是有德无才是君子，有才无德是小人，既无德又无才是庸人。

乱世靠才打天下，和平之世靠德赢人心。在现代市场经济条件下，作为一个职场人士，怎么才算有德呢？责任心也。责任心是一个员工的"方向盘"，没有好的方向盘，即使再有才华，也会因为驶错了方向而宣告失败。领导经营公司，绝对不会允许出现这样的失误。所以在领导选择人才的时候，"责任心"是第一标准。

如果把一个人的责任心和能力智慧用天平来衡量，一定是一两责任重于千斤智慧。这不是在故弄玄虚或者咬文嚼字，而是切切实实地忠告。

上海一家企业招聘，王、刘两名业务员双双被录取了，通过两个月的工作，小王凭借着自身的能力崭露头角，为公司拉来了几个很大的客户，带来了不少的利润，领导同事都对他赞赏有加。领导在全公司大会上当众表扬了他，并且要培养他成为公司的骨干，以后可能提拔他为主管。

小王觉得自己前途一片光明，为了表现自己的才能，让领导尽快提拔他，他开始一味地讨好老板，看老板的脸色行事，并精心揣摩老板的心理，曲意奉承，博取老板欢心，没过多久就坐上了业务部经理的位子。此时，他的本来面目渐渐露出水面，高傲自大，惹是生非，使各部门之间产生严重隔阂，矛盾重重，把一个好端端的公司弄得乱七八糟，给企业造成了不小的损失。

与此同时，小刘在工作中脚踏实地，尽职本职工作，敬岗敬业，为人诚实，从不争名利，乐于助人，尽管没有得到重用，但依然努力做好自己的工作，最终不仅为企业创造了经济效益，也以自己的优良品德和善于做人得到了大家的认可，并使自己的企业赢得了客户与业界的好评。

智慧和能力确实是一个人在职场上纵横所必须具有的。但是像小王这样，没有责任心，没有一种职业道德，那么一定会失败得很惨。俗话说："路遥知马力日久见人心"，哪一个领导不知道这句话？

　　翻开历史，有"才"而无"德"的人，往往不是一事无成，就是身败名裂。如"才尽"之江郎，如遭万人唾弃之秦桧，等等。韩国著名的三星公司，选拔人才的标准首先就是人品，即责任心。

　　中国有句古话，先做人后做事，做人是做事的基础，人都做不好，难免做坏事。意大利诗人但丁有句名言："一个知识不全的人可以用道德去弥补，而一个道德不全的人却难以用知识去弥补。"所以你首先要问自己的就是你的责任心过关吗？然后再考虑能力的提升以及各方面的发展。

　　责任大于智慧，还是智慧重于责任？有些人认为有才横行天下，因为我有才，领导就会重用我，其实，想想"才"这个东西就是那么回事，有一句话怎么说来着？说你行你就行，不行也行；说你不行你就不行，行也不行。先用责任把自己的脚跟站稳了，再把能力提高了，然后谁说你不行，你可以叫他跟领导理论去。

第九章

与其抱怨，
不如给工作定一个标准

工作的时候，给自己定一个标准。让自己能达到这个标准，这样，你才会有动力来工作，这样你就会少了不少抱怨。

拒绝平庸

老鼠们聚集在一起商讨怎么才能不被猫抓住，最终众老鼠集思广益想出了一个办法：在猫的脖子上挂个铃铛，这样，猫一走动，铃铛就会响。老鼠们就能逃走了。大家纷纷觉得这个建议太棒了。可是，最后它们又犯了愁，方法是好，可是怎么才能将铃铛挂到猫脖子上呢？刹那间，全体老鼠鸦雀无声。

这个问题告诉我们，光能提出问题的下属不是好下属，平庸的人就喜欢看着问题发呆，而聪明的人会找到解决问题的办法。一块田地在那儿，你不去想办法耕种，是不会有收获的。即使是一个平凡的岗位，只要努力去思考，解决遇到的各种难题，你就不会平庸。正所谓三百六十行行行出状元。

在职场上，一个人缺少知识，甚至没有突出的特长，都不是最可怕的，最可怕的是没有一个积极主动的心态，遇到问题，做出一副事不关己的样子，这样的下属永远也不会得到领导的提拔。

李亮是一名公司的业务员，产品销路不错，可是就是清货款非常难。有一家公司订了他们10万元的货，半年了，产品都快用旧了也没有付账。李亮催了无数次，该公司老板都以各种理由推脱，快到了年终了，公司又派李亮和另外一名业务员小陈去对付这个难搞的客户。

俩人非常犯难，软磨硬泡，想尽了办法，最后客户终于同意给钱，叫他们过两天来拿。两天后他们赶到时，对方给了一张10万元的现金支票。

他们为搞定了这么难缠的客户而非常高兴，于是拿着支票就去银行。可是银行的工作人员告诉他们：账上只有99800元。很显然，这是对方耍的花招，故意让账目上的钱不够，这样就无法兑现了。难道又要拖一年吗？他们可不想因为这样连年终奖都要折半。

看到一张不能兑现的支票，同去的小陈说："唉，又白忙活，回去吧。"

但是李亮说："别着急，我们看能不能再想想办法。"

"还能有什么办法？明明就是一张不能兑现的支票。"小陈不屑地说。

李亮想了一会儿，直接从钱包里拿出 200 元钱，存进了客户的账户。于是他们顺利地将支票兑现了。俩人带着这 10 万元回到公司时，董事长对李亮大加赞赏。5 年后他当上了公司的副总经理，后来又当上了总经理。

可以说，李亮在公司能得到晋升和发展，和他善于解决问题是有关的。一个小小的业务员最后做到了总经理，不是靠自己有多么广的人脉，不是靠自己有什么样的知识，而是他具有解决问题的能力。兵来将挡水来土掩，有这样的气势的人不会输，因为他始终相信自己，遇到困难不会退缩，也从不碌碌无为。相对李亮，业务员小陈就不会太过出色，也许几年后仍然是个业务员，甚至被求职的大军冲到了不知道什么地方去了。就因为他甘于平庸，不去面对困难，不去解决问题。

一个下属在众多员工里"鹤立鸡群"，靠的是什么？靠的是无论问题简单还是复杂，是分内还是分外，他都能做到妥善解决。他总是全力以赴，而且是尽力而为。他是老板眼中的钥匙，金钥匙。

从前有一个猎人，他一天带着自己的猎狗出去打猎。在雪地里，他看到一只兔子，于是一枪打在兔子的后腿上。受伤的兔子拼命地逃跑。猎狗在猎人的命令下也飞快地追赶兔子。可是追着追着，兔子转眼就没影了。当猎狗回到猎人身边时，猎人骂猎狗没用，连一只兔子都追不到。猎狗很委屈说："可是我也尽力而为了啊。"

那只逃跑的兔子带着受伤的腿回到了自己的窝里。它的兄弟们都围过来惊讶地问它："那只猎狗很凶呀！你又带了伤，怎么跑得过它的？""它是尽力而为，我是全力以赴呀！它没追上我，最多挨一顿骂，而我若不全力地跑我就没命了呀！"

人本来是有很多潜能的，同时也是最会找借口的。"管他呢，我已经尽力而为了！"说这句话的人明显对工作产生倦怠了。事实上尽力而为是远远不够的，试着问自己，你今天是尽力而为的猎狗还是全力以赴的兔子呢？

全力以赴的人不会平庸，尽力而为的人不会卓越。善于分析问题并能妥善解决问题的员工，给老板的印象是深刻的。没有做不到的事，只有想不到的事。工作中，没有解决不了的问题，只有不肯思考的人。优秀的员工之所以能获得晋升，就是因为他们敢于面对问题，不断超越自我，积极地寻找解决问题的方法，以"主动解决"的韧劲儿，全力以赴攻克难关。

美国石油大亨洛克菲勒曾经告诫员工："请你们不要忘了思考，就像不要忘了吃饭一样。"也就是说，把思考融入你的生活中，从最细微的事情上做最深入的思考，找到解决问题的方法就会非常简单。你也一定因此得到意想不到的收获。请随时记住：领导给予的问题都是一种锻炼，即使不合理，它也是一个磨炼你的机会，方法总比问题多。一旦你尝到了甜头，你发现你的人生会离"平庸"这两个字很远。

超越自己，从最好到更好

这个社会上"妄自菲薄"的人很多，尤其是在职场上。"这事我干不了""这件事太难完成了""能力有限啊""胳膊拧不过大腿"……这些话常常出入一些下属的口中。目的就是不想努力做事。于是很多人处在，"大事干不了，小事不想干，难事躲着不干"的平庸状态。时间长了就开始"多一事不如少一事"地混日子生活。

干什么就要吃喝什么，只要做了，为什么不把它做好？所谓王婆卖瓜自卖自夸，正说明她有干一行爱一行的精神。作为一个下属如果你不热爱自己的工作，不想在这份工作中突出自己的价值，那么，领导也不会"热爱"你，薪水也就不会"热爱"你了。

人的能力确实会有高低之分，思维、身体等诸多方面都会有不同，加上教育背景生活经历等都会造成个人能力方面的偏差。但是人是有主观能动性的，只要下定决心，没有做不好的事情，只要功夫深，铁杵磨成针。不能给自己任何理由不去进步。

于浩的家乡是江苏常州的一个小山村，从小家境不是很好，但他学习用功，头脑也很聪明。备受老师喜爱。高中毕业时，他获得了美国一所大学的 OFFER，但是必须负担高昂的学费。家里无法资助他，于是来到美国后，他开始自力更生。

一天，在唐人街餐厅打工的他得知美国通用公司在招聘推销人员。于是他兴冲冲地赶去应聘。凭借自己出色的口才力压众多应聘者，最后一关面试只剩他一个人了。年薪三万的职位在召唤着他，这让他感到非常兴奋。

在面试过程中，主管突然问道："你会开车吗？我们这份工作的性质是移动促销，需要开着我们公司的车出去集体展销，然后发挥你的口才卖车。"

于浩长这么大连车都没摸过，更别说开车了。但是他还是想抓住这次机会。于是斩钉截铁地回答："会，没问题"，于是他被录取了，被通知下周一上班。

于浩在面试时说了谎，但是他决定用剩下的几天，把这个谎言变成现实。于是，他从朋友那儿借来一辆破旧的车。朋友当教练，第一天他认真学会了全部理论知识；第二天，他在大草坪上实践操作驾车，反复练习，晚上困了就睡在驾驶室；到第三天，他竟可以驾着这辆旧车蜿蜒在公路上了。

周一，于浩准时到公司报到。虽然车技不怎么样，但是第一天工作还算没出什么变故。慢慢地凭着自己的能力他在通用公司工作了十年，共卖出了8800辆汽车，并创下了一年卖出1000辆车的最高纪录，时至今日，于浩已经是通用公司的销售部经理。

一个中国农民家的孩子，不断努力奋斗，终于站到了国际的舞台上，展示自己的精彩。如果换作一般人在遇到"工作需要""自己能力不足"这种矛盾的时候，多半会说："哎，这个机会多好，实在是可惜"。但是于浩没有这样，而是经过自己的努力，尽量弥补自身的不足，提高自己的能力去适应更高的工作要求。把"干不了"变成了"干得了"。所以他注定不会平庸。

在职场上，领导对于"能力弱"的下属肯定不会赏识，尤其对本来"能力弱"，还不思进取，不学习不思考的下属，要么降低使用，挪后一位，要么直接就会将其淘汰出局。所以追求卓越是一个人在工作中最需要拥有的"欲望"，而"欲望"是不断进步的催化剂，它会让你在工作中有一种非做不可的使命感，然后为之孜孜不倦，乐此不疲。

追求卓越是一个动态的过程，是一个尽其所能去做到更佳的、不断前进的目标。在追求卓越的过程中，你可以不断地取得更佳，不断地打破个人纪录，提高过去取得的成绩，从而走向属于自己的金字塔尖。要想不断超越自己，你需要做到以下几点：

1. 坚持不懈

凡事最怕坚持，勤能补拙是良训，一分辛苦一分收获。只要自己在工作中坚持不懈，就没有克服不了的困难。

2. 懂得反思

在工作中不能做一个莽夫，反思自己的失误和不足，然后取人之长补己之短，找到自己的短处最为重要。

3. 深入问题

别人说这件事情不可能成功。但是你要问三个问题"是什么""为什么""怎么办"，深入问题的内部，是解决问题的前提。

4. 提高行动力

有时候不是你能力不行，而是你根本没有去做，没像案例故事中的于浩那样，切实的行动努力把自己的短处补齐。

其实，追求卓越就是不断寻找自我改进的方法，改进自己的行为、人际、知识结构等。追求不断进步，是职场人士升迁的法宝。在领导眼中你就是只不可多得的"潜力股"。

追求卓越是一种人生的态度，不放松对自己的要求，不妄自菲薄自己的能力，在别人停步时依然坚持自己的道路。这不但是一种责任感和敬业精神，更是一条自我实现之路。无论人才需求如何变化，是否具有追求卓越的精神始终是老板用人的一个重要标准。"没有最好，只有更好"，用这句话来激励自己吧！

切忌"随便"，因为"随便"会毁了你

如果一个下属总是对领导的话随声附和，和同事的意见保持一致，长期的"随大流"的行为会让领导感觉你没有主见，没有想法。有些人其实不是没有自己的观点，而是害怕承担被责备的风险，害怕被孤立。于是心态上变成了"随便吧，跟大流走总归安全"。殊不知，从管理阶层的角度讲，没主见的员工是不受欢迎的。

某市一家大型医院改制，要招聘一名护士长。经过层层选拔有九名人员进入复试阶段。

当天，考官没有考非常专业的护理知识，而是拿来了九只温度计。他把九只温度计分别发放到九名面试人员手中，说："这些温度计刚给病人测量过体温，现在请应聘者把温度记录在纸上。"当应聘者拿起温度计发现，根本看不见水银柱。到了最后交读数的时间，六名应聘者在纸上快速地写下了一个温度，可还有三名应聘者在纸上写下了："对不起，温度计没有数字可读。"

结果，这三名应聘者被留下了，考官解释温度计是经过处理的，里面的水银柱被抽掉了。

接着，考官要求三人用刚才的温度计测量自己的体温。这时三人都有些不解，其中二人目瞪口呆地望着考官，而另一个人则下意识地把温度计摆正位置，然后给自己量体温。五分钟过后，她抽出体温计一看，惊喜地发现竟然有温度显示。原来温度计中的水银根本没被抽空，考官只是事先把温度计倒着甩，让水银降到了另一端。最后，这名给自己测量体温的人被录用了。

故事中，有人怀疑自己的判断，看大家都随便写，他也随便写。有人听信他人的结论，考官说水银被抽掉了，他就信以为真。一味地怀疑自己的判断，轻信他人的观点，是阻碍我们前进的障碍。

因此，作为一个下属首先要避免违心地"随大流"。如果你本身对一个观点很不认同，可以用"这只是我自己的看法……"等委婉的方式说出自己的观点。根据你的思考和实践得出的结论，一定要表达出来，这样的话，非但不会给领导"强出头"的印象，反而会让他觉得你是一个可以给他提供"建设性意见"的人。

职场最忌讳的就是做一只"木偶娃娃"。"随大流"是因为对未来的不确定，觉得无法把握。或者害怕错误，害怕跌倒，害怕面对失败，所以宁愿什么都参照别人，由别人来决定，这样至少是安全的。

可是，越是这样，越没有自信，越没有独立自主的勇气。没有人没有错过，也没有人没有过依赖别人。可是终究要学着给自己独自站立的勇气。不要怕，看看下面的建议，也许会给你很多启发：

1. 要想有主见，就要在与人交谈时，多听，少说

多倾听才能让思维慢下来进行思考，滔滔不绝的人往往说的话都不大经过大脑。

2. 积累自己丰富自己，工作之余多读书

多接受一些有用的信息，专业类、历史类、社会、心理方面的都可以。自己的知识结构完善了，表达起观点来就比较有底气了。

3. 面对他人的压力要学会正确判断，做出正确选择

如果对方说得有道理，不要固执己见，如果自己观点对也不能委曲求全。

总之，培养有主见的性格是一个慢过程，需要不断地自我暗示和自我锻炼。这里还要提醒一句：职场不简单，对于初入职场的新人来讲刚开始要抱着一种学习的态度，"领导，您看，我是这么想的，不知道对不对呢？"这样一来能满足对方的认同感，效果往往比刻意"随大流"好得多。

不随大流，有自己主见的人并不是说是一个妄下结论，固执己见的人，而是说，在某些问题上面，能够有自己的看法和想法。例如一个问题放在你面前，你知道下一步应该怎么做，不明白的要请教别人，或者需要别人的意见来更好地解决问题，或者可以提出自己的建议。这样你就是一个有主见的人了。而不是当问题放在你面前的时候，你都不知道应该怎么做，缩首缩尾的，一切都很被动。

你的能力在哪里，你的价值就在哪里

一位古罗马的将军找到当时著名的哈德良皇帝，说自己应该得到提升，他的理由是他经验丰富，参加过 10 多场重要战役。谁知哈德良皇帝随意指着旁边的战驴说："亲爱的将军，好好看这些驴子，它们至少参加过 20 次战役，可它们仍然是驴子。"

如果你认为自己行，请用你的实力证明。很多人抱怨领导对他不重视，认为自己劳苦功高，努力工作，但是领导却看不到，甚至是毫无理由地打压他。于是心理产生了失落感，甚至产生跳槽的念头。

不努力进步，不努力证明自己实力的下属是最不受领导待见的。不论你去到哪里，都没有让人看得见的价值。所以用实力证明自己而不是虚伪地装腔作势，这是每一个优秀的下属应该铭记在心的。

王峰一直认为自己能力强，所在的公司刚刚接了很大的项目，很多人争着抢着要接，因为只要能负责这个项目，不仅能够得到很丰厚的一笔佣金，更可以在公司乃至整个业界出名。王峰决定据理力争。但是最后领导宣布的负责人不是他。他感到非常的不解，也很委屈。于是他找到经理问明原因。

经理说："你没有经手过这么大的项目，公司对你的实力还不是特别的放心，所以不能交给你。"

王峰听到后更是非常诧异，明明前几天经理还当众夸奖他，说他以后发展会非常好，怎么会在这个关键时刻不信任他了呢？是自己不够努力吗？还是公司根本就没把他当回事？于是他开始产生了跳槽的念头，心一乱，工作就更没有效率，工作业绩每况愈下。

到底是王峰的能力不足，还是领导偏心？我们不必对此下结论。但是王峰因为领导没有把这次项目交给他而对工作产生抵触的情绪，是不对的。站在领导的角度，他们用人的标准是以个人的实力来衡量的，业绩是实力最好的证明。领导一时的轻视，不可怕，可怕的是你根本没有决心证明自己的实力。

职场不相信眼泪，更别拿"没有功劳，还有苦劳"这句话来说事，事实上，没有功劳，再多的苦劳都白费，没有实力，还不懂得进取，这样会容易错失更好的机会。作为下属，你要做的不是抱怨，而是学会证明自己。只有让领导看到你的才华，你才有被重用的可能。

经验和资历固然重要，但不是衡量一个人能否胜任工作的标准。唯有业绩和实力才是。有些人自认为有十年或者更多的业界经验就可以胜任一切。可是仔细观察才发现，他只不过是一年的经验重复了十次。年复一年地重复一种工作，固然很熟练，但可怕的是这种重复已阻碍了自己的成长，扼杀了想象力与创造力。

领导绝对不会故意埋没人才，是金子总会发光的，这里对实力我们做一些深入的研究：

1. 首先你要确认自己不是一个用华丽外表掩饰着的"土疙瘩"

实力是来不得虚假的。有就是有，没有就要建立，就要完善。连自己都欺骗的人，永远也看不到前途。

2. 老板绝对不会有心埋没人才

所以，你要做的不是抱怨，而是给自己机会，也给老板机会，让他知道你的存在，让他看到你的能力、你的潜质。

3. 拥有强大的实力，这件事不是一蹴而就的，要慢慢学习、积累而来

不要心浮气躁，遇到困难就否定自己。只要不断在路上前进，

你就是最大的赢家。

4. 实力有时候需要他人的佐证

比如你的合作伙伴，你的同事，所以即使能力超群，也别太桀骜不驯，客户对你领导随便说一句"我不信任这个人"，恐怕你就有降职的风险。

跳或者不跳？这是一个问题。当领导还没有慧眼识珠的时候，当你这匹千里马还没有表现出绝佳的实力时，千万要提醒自己，心要沉才能行得稳。没有任何企业是不按实力说话的。只有把自己的各方面实力都不断提升，你才能在工作中得到领导的赏识，否则，你这个"土疙瘩"不论放在多么高级的珠宝行，也还是一个"难登大雅"的土疙瘩。

要做不可替代的人

人的发展和一棵树的成长过程是一样的，它刚刚发芽的时候会有很多叶子，就像我们说一个孩子很有生命力。然后慢慢开始抽枝，会有很多枝叶长出来，这可以被视为多才多艺，但接下来，如果想让它成长的话，就必须开始分出主干，把多余的枝丫剪掉，如果不这样，它就会把精力分散到每一个部分，就会什么都学，什么都不精。

人也是一样，在成长过程中，要主动分清主次，找到自己的特长，做好职业规划，并且小心地栽培。"什么都懂点，但是均是一知半解"，类似的人，很多公司都有。往往还很讨领导喜欢，但他真的有价值吗？答案是：No！其实，这种人是花瓶，是盆景，虽赏心悦目，但不能大用。

这种人有人称之为"职场杂工"，一会儿换这个岗位做两天，一会儿换那个行业做两天。看似每个行业都有涉猎，是一个不折不扣的"全才"。但是古语云：多则乱，乱则不专，不专则难精。"全才"从某种角度来讲就是"无才"。领导刚开始会觉得这类人很聪明，知识面也很广，可是一旦让他们开展具体的工作，全部歇菜了。

阿毛大学毕业后，急于在城市里安身，想找一个待遇不错的公司，于是本来学习计算机专业的他开始做起了药品销售。但是由于没有什么销售经验，跑起业务来不是很轻松，交通费还要自掏腰包，于是他觉得不划算，就跳槽了。

后来，他在一家公司做网络维护员，工作比较烦琐，换水晶头、买网线等都要干，钱又不多。他觉得应该要学多点东西，没干几个月便又转行去了广告公司，刚开始他觉得这份工作很有挑战性，但是一个月做下来，烦琐的对接工作，不规律的作息时间都让他吃不消，就辞职了。

毕业两年了，他换了十多次工作，从文员到业务员，从网络维护到市场专员，从广告执行到药品销售。大学同学都觉得他很厉害，找工作在他看来是件很容易的事。但是只有他自己知道，他这个"面霸"只有面试的时候还算懂点东西，一到具体工作中，他开始变成了白纸一张。

就像阿毛这样，挖了很多坑，但是还没等出水的时候就放弃了。其实，这种人只是不知道自己要的是什么，没有一个完整的职业规划。往往内心里有"在职厌职"的情绪。这是一种典型的不能分辨主副业的人。在工作之外，看似知识面非常广，是一种资源，生活可能会丰富多彩。

但在工作中，分不清主次，没有明确的方向和目标，对他所从事的工作或者公司而言，却绝对是一种灾难。你会发现，他有效率而无效果，有行动而无结果，有眼花缭乱的过程，却没有可以立足并立身的成绩。其实这对他自己而言，也是一种灾难。

举个例子来讲，唐僧和孙悟空，如果两个人作为下属，领导会比较看重哪一个？刚开始可能会对孙悟空比较感兴趣，因为他乍一看是很有本事的样子。但是工作中会发现，他根本就没有目标，没有突出的主业。只会为了丁点的小事搅了领导的事。其产生的价值，远没有唐僧重要，因为唐僧只有一个目标：去西天取经，而且经过千难万险，师徒四人中也只有他的理想实现了。

有些人说了：你说这种人不好，可是我明明看到领导对他们宠爱有加。可是你也要看到"宠"是不会长久的，唯有用自己的专业实力说话的下属，才是企业不可多得人才，领导嘴上不说，手上坚决不放。

所以良好的职业规划非常重要，首先要知道自己想要什么，兴趣在哪里，特长在哪里，"想要做的事"和"能做的事"两者之间能不能统一。如果不能，请你把想做的事先放一放，把你能做的事做到最好，当你成了行家，你才有能力去实现你想要去实现的梦想。

树要想往上长，接近天空达到卓越，必须舍弃一些不必要的枝丫。人要想做到专精，必须要舍弃一些你自己的爱好和副业。色即是空，空即是色，当你把自己涂的五颜六色的时候，人们看到的是杂乱无章的废纸。只有你有意识地描绘自己，构好图，上对色，你才能成为领导眼中那独一无二的名画，他不会随便丢弃一个有超高价值的人。

尽善尽美，精益求精

细节决定成败。古人也喜欢说一句话："千里之堤，溃于蚁穴"，失败的因子往往隐藏在细节之中，不把细节做到尽善尽美，精益求精。即使处在相对优越的岗位也会一败涂地。

一些人，脚踏实地的付出，善于在看似平凡的工作中创造机会，然后抓住机会实现自己的价值；而另一些人，只幻想收获，没有把细节做好。细节不好，一定会影响整个大局，于是他们最后只有在焦虑的等待中望而兴叹。

　　每一天都要尽心尽力地工作，每一件小事，都力争高效完成。尝试着超越自己，努力做一些分外的事情，不是为别人，而是为自己的不断进步。即便是在同一个公司或同一个职位上，机遇没有光临，但你在为机会的来临而时时准备的行动中，你的能力已经得到了扩展和加强。实际上，你已经为未来某一时间创造出了另一个机遇。机遇总是降临在有准备的人身上。

　　陈晓是一个湖南农村的姑娘，初中毕业后就外出打工补贴家里。19 岁那年，敢闯的她来到了广州。没有学历、没有经验的她经过一栋新建的商业大厦，她觉得新的地方肯定用人，看到有人从大厦里走出来，她就直接上前大胆地求职。那人看了看她说让她先从清洁工干起。

　　本来作为一个 19 岁的女孩，都不太愿意做清洁工，但是这位 19 岁的农村姑娘每天早晨开始清扫楼层的卫生，一直工作到晚上。一干就是半个月，把十几层的卫生打扫得非常彻底。她知道了让她打扫卫生的是公司总经理。于是，她去向总经理汇报。总经理问："你就带一班人，照你工作的标准，把大厦内全部卫生工作做好，行吗？"

　　原来，这位总经理开始只是出于同情，留下她随便做点事，后来见姑娘每日辛苦劳作，工作做得十分漂亮，有意留她长期工作。于是，农村女孩成了公司负责卫生的领班。由于其工作认真，先后成为这个公司的分公司——清洁公司和家政公司的经理。

　　10 年后，当她 30 岁时，已成了这家总公司的"副总"。从小事、简单事、平凡事做起，做出色，才会成就大业。

　　清洁工是再普通不过的职位，但是陈晓却用自己的细心和努力做到了不平凡。做好一件小事就是给自己的成功之路铺一块砖。

只要肯努力自觉地做好每一件简单平凡的事，就可以登上属于自己的巅峰。

其实我们都是普通人，在绝大多数的日子里，我们所做的都是一些微不足道的小事。每一个当领导的都知道：小事不努力的人，遇到大事还能指望他做成什么样子？当"注重小事""关注细节"成为一个员工的职业习惯时，"放心""值得信任"就是你在领导眼里最有价值的"标签"。

所以，现在开始首先要学会"俯视"。看到小事，注重细节，别总羡慕嫉妒他人的成就而忘了自己的工作任务。"羡慕嫉妒恨"这几个词最要不得，它能够占据你的心灵，改变你的思维，使你好高骛远，从而错过了机会。

其次，要勤于动手，老一辈人总喜欢说年轻一代人："没有眼力见""眼里没活"。其实有些人不是没看见工作，而是因为懒惰。培养自己看到了就去干，接到任务马上执行的工作习惯，懒惰使人的光芒黯然失色。

最后，坚持不懈。如果遇到困难，试着跟自己说："再坚持一分钟"，当工作完成后，你会有一种满足感，然后这种心理会对你产生刺激作用，支持你走向成功。

生活中我们经常会发现，那些功成名就的人，在成功之前，早已默默无闻地努力工作过很长一段时间。成功是长期努力和积累的结果，更是苛求工作细节的最佳诠释。在实际工作中，不论你是老总还是普通员工，唯有把"每一件寻常的事做得不寻常得好"，苛求细节的尽善尽美，才是走向成功的最佳途径。如果凡事你都没有苛求完美的积极心态，那你永远无法到达成功的顶峰。

第十章

别抱怨为什么不晋升，
先反省自己

抱怨自己为什么不晋升，为什么不反思一下自己做事的习惯，如果做事都不认真，那又有什么资格晋升呢？

别以为什么都会了，其实你只懂皮毛

有些下属像极了一只"鹦鹉"，学到了几句话就觉得自己掌握了天大的本领。从而觉得自己是个天才，自己无所不能，从此再也不学习，只用这几句话就可以打天下。现代社会是个信息爆炸的年代，知识更新非常快，社会各方面的变化也飞快。"学好数理化走遍天下都不怕"的年代已经是"小鸟一去不回头了"。

自以为什么都会，不去主动学习，你的思维就会像车子、房子，工厂里的机器设备那样迅速地折旧。职场之中没有永远的红人，如果你不注意主动为自己充电，即使你目前在老板眼中很优秀，但是很快你就会失掉自己的优势，进入职场的冬季。

这绝不是危言耸听，美国知名的职业专家认为：现在的职业半衰期逐渐变短，高薪者不充电，五年变低薪，低薪者不学习，两年丢工作。未来社会只有两种人：一种是忙得要死的人，另外一种是找不到工作的人。面对这种社会现状，你首先要做的就是从内心里别太"高估"自己，只有站在地平线，你才能看到整片天空。

阿华看到一家公司的招聘启事说要招聘中国最棒的销售人员。阿华认为自己在销售方面很有才华，因为在之前的公司里，他做的业绩都非常不错，无论经理交给什么样的任务，他都能够完成。

当他走进该经理办公室后，直接对经理说道："您好，我是来应聘的，请把这份工作交给我，我一定能成功的，因为我就是中国最棒的销售员。"

"你说你是全中国最棒的销售员，得证明了才知道。"经理说。

"好，没问题，任何考试都难不倒我，给我一件东西，我一定能把它卖掉。"阿华笑着说。

经理从办公桌里取出一盒巧克力，对阿华说："最近公司进了一批巧克力，你如果能全部卖出去，你就被录用了，薪水不会低。"

阿华说："这很简单。"并拿走了所有的巧克力。

每天他从这个超市走向另一个超市，用尽了浑身技巧也没能卖出一盒，因为巧克力的质量太差，根本没人买。

很快他回到了公司。走进经理办公室，说："对不起，我太骄傲了，我不是中国最棒的销售员，但我知道谁是最棒的销售员。"

"谁是？"经理惊喜地问道。

"就是销售巧克力给你的那个人……"

阿华固然在曾经的工作上小有成绩，但是他也被自己的小成绩蒙蔽了。"一叶障目"，有时候这一叶就是你认为自己最有优势的地方，因为你太自以为是，自以为自己都会，其实知道的也不过是皮毛而已。

所以，适当地"看轻自己"，然后不断地进行学习，才是百战百胜的利器。唯有坚持学习，主动进取的员工才能成为领导所赏识的员工。

当然，在职场上工作的人缺少充裕的时间和心无杂念的专注，以及专职的传授人员，所以积极主动地学习尤为重要。下面有几种适合职场人士的学习方法，供大家参考：

1. 在工作中学习

社会是个大学堂，工作则是这个学堂上最应该学习的一堂课。与其绞尽脑汁地课外进补，不如就地取材，在工作的同时，积累经验，探寻智慧，获得有助于自己能力提高的信息。通过向同事学习，能够弥补你身上不足的东西，向领导学习，学着做一个有影响力的人，甚至像扫地的阿姨学习，也许不经意间，你就能够得到智慧的启发。

2. 争取培训机会

很多公司和单位都有员工培训计划，这是免费的一堂课。所以如何争取成为培训对象很重要。平时就要了解公司的培训计划，如周期、人员数量、时间的长短，还要了解公司的培训对象有什么条件，是注重资历还是潜力，是关注现在还是关注将来。如果你觉得自己完全符合条件，就应该主动向老板提出申请，表达渴望学习、积极进取的愿望。老板对于这样的员工是非常欢迎的，同时技能的增长也是你升迁的保障。

3. 注重自我培养

既然是主动学习，就不能被动地等待公司下发的培训通知。只要闲下来，就开始自我的再教育。把自己的专业素质搞上去，多考几个专业方面的证书，多注意专业领域内的动向。还可以考虑热门或者自己感兴趣的科目，或者直接自掏腰包报个管理培训班，等等。自我教育更多意义上被当作一种"补品"，在以后的职场中会增加你的"分量"。

领导看重的不是你一时能给公司或者单位带来多少利益，而是你能持续给公司带来多少利益。虽然你也许比较有才华，可是中国 13 亿人呢，有才华的多了去了。学习，不断地提升，能够让领导从你身上看到源源不断的闪光点。这才是最重要的。未来的职场竞争将不再是知识与专业技能的竞争，而是学习能力的竞争，一个人如果善于学习，他必能为自己赢得一个光明的前途。

想要好的结果，就别虎头蛇尾

所谓虎头蛇尾，也就是有始无终，往往我们做一件工作，开始很简单，领导吩咐的照做就是，可是慢慢地计划没有变化快了，然后就用这句话给自己一个自认为不错的借口，事情不了了之。有的人很喜欢这样，因为这样工作起来不累。反正我做了，结果可能不理想，但是我确实做了，以这种态度工作是不会有一个好的前途。

只有一个好的开头，没有一个令领导满意的结尾，这根本就是没有完成工作。会给领导一个印象：你这个人，给你什么任务，都不能完成。做事虎头蛇尾的人常常遇到。领导布置了工作，没有反馈；有的事，只有出去的指令，"做得如何""结果如何"的回音。正确的思维方式是，时不我待，机不再来，千方百计创造机会，抓准时机拼到底，要善始善终做到底。

小何和小风毕业后，通过校园招聘，一同进入了一家大型公司工作，并且在同一个部门。因为是刚成立的部门，还没有明确的分工，所以领导随时指派的工作都要去做。

一天，部门要开会，领导让小何去别的部门借一下投影仪，小何去了也借到了，便放到了办公室。随后便忙自己的工作去了。下午两点开会时，大家都准时到了会议室，可是小何借来的投影仪依旧放在桌子上还没接线。领导又找人帮忙接了一下，虽然他没有当面批评谁，可是让会议延迟了半个小时，领导心里还是有点生气的。

后来，还是开会，领导又让小风去借了一次投影仪，小风不但借来了投影，因为自己不太会摆弄投影仪，还找到同事帮忙。在差10分钟两点的时候接上，于是通知领导和大家已接好，两点可准时开会。

自此以后，领导便让小风负责部分行政和管理工作。三年以后，小风做了部门的副经理，而小何仍然是小职员。

领导让小何借个投影仪，不是"借来就行"的。看似简单的任务，其实这个指示含有"借来、接上、试用"等一系列工作。主要达到的是能够顺利开会的目的。而小风就做到了有始有终。

把领导的工作衔接起来了，没有出现不必要的漏洞。"稳定""放心""值得信任"这些词就成了领导给予他的标签，有了这样的印象，领导当然"敢"让他去做工作，"敢"提拔他了。

对于一个优秀的下属来说，把心思放在工作上，做到有始有终很重要。必须要做到"言必行、行必果"，因为虎头蛇尾的缺点会影响你在同事或领导眼中的形象，给人一种不可靠、不能担当大任的印象。因此，在工作中要尽量避免这种虎头蛇尾的做法，做工作就要从一而终，善始善终，让同事们和领导们承认和赞赏。

善始善终其实很简单，养成这样的工作方法不外乎下面几条：

1. 把每一项工作都细化

领导安排工作只是个大框，具体完成的细节你要自己事先考虑好，做什么，怎么做。一步一步来。最好列出个1、2、3、4来，不骗人的"阿拉伯数字"永远能够提醒你需要做什么。

2. 工作完成后做总结

每一项工作完成后，都要做一个总结，尽管只是寥寥几句话，也要给自己一个结果。自己做得好还是不好，为什么没有做好，结果是什么。在给领导汇报工作之前还能补充些什么。慢慢地养成这种习惯，你就会对"结果"两个字非常敏感，也就不会让工作放任自流了。

3. 多做一点总比少做好

勤快点，做个有心人，善于发现问题，并且努力解决它；任何一个领导都会喜欢善于帮助他解决问题的人。同时这样做你会积累多于周围人的经验和机会，你的职业生涯无疑会更精彩。

"没有功劳也有苦劳啊"这句话在现代职场上是最不受用的。"结果"是领导最看重的，他不管你工作的过程是辛苦还是轻松，他只要一个令他满意的结果。一个会变通解决问题，把事情办好且自己轻松的人，领导不会嫌弃，但一个看上去埋头苦干，最后却没有结果的人，却被领导看成是废人。虎头蛇尾要不得，怎么能有始有终，除了上面说的建议以外，你还要想想怎么改善自己的工作方法。

成功的彩虹需要汗水的付出

一个农民，如果不在春天大地复苏时把种子播下，不在夏天干旱时为其灌溉，如果不在庄稼生虫了为它喷农药，不在庄稼最需要营养的时候为它施肥。到了秋天庄稼会颗粒无收，农民的粮仓也会空空如也。劳动人民是最有智慧的，因为勤劳本身就是最大的智慧。

每一天，为明天，只有日积月累才能得到最后的成功。其实成功是一个过程，是将勤奋和努力融入每天的生活中，融入每天的工作中。不经历风雨怎能见彩虹，不付出努力，怎么换来成功？

每一个人的发展需要很多元素的积累，例如：知识、常识、能力、素养等。而这些元素的获得都需要勤奋努力。要想让领导赏识，想做出一番事业，想获得成功，必须克服懒惰的天性。无论你是天生聪慧，还是资质平平，缺少了勤奋，最终都会没有建树。

赵晨是一名中专生，刚开始工作的时候，连一份像样的简历都拿不出来，简直就是白纸一张。很多公司连面试的机会都没有给他。后来有一个公司急需要人，就让他去面试。当时的面试经理也看他辛苦，在这么大的城市里自己寻求出路，很不容易，有些心软，就抱着试试看的想法把他留下来了。

赵晨的任务是推销公司新代理的一款管理软件。市场上的这类软件很多，大家对这个工作都开始打退堂鼓。更何况公司提供的只有一本厚厚的电信黄页，上面的电话不是人事部就是门卫，一听是推销"啪"的一声就挂了，非常不给面子。后来赵晨提出，就按黄页上的地址去找，说不定会有收获。

做个受欢迎的人

一个礼拜下来，就有两个跟赵晨一起来的人辞职了。但是赵晨没有，他按照黄页上的地址一家一家地去找，去问。即使没有结果他也从没说一句抱怨的话。最终赵晨在一个经济开发区的公司拿到了自己的第一笔订单。不仅如此，他还顺藤摸瓜，接二连三地接到了好几个订单。

起初在领导看来，赵晨什么都没有。但是最后他用行动证明了，他有勤奋，而这个他唯一拥有的东西带给他无限的潜力。没有一种知识可以随意获得，也没有一种机遇可以唾手可得。天上掉馅饼的事情永远也不会发生。天道酬勤，上天给每个人准备的东西都是一样的，只是有些人努力了，于是获得了；有些人懒得动手，于是饿死了。

所以，不是老板不公，不是机会不等，不是上天不公，而是成功只眷顾勤奋的双手和勤奋的头脑，而不是眷顾某个人。有人之所以成功，是因为他付出了足够多的汗水。如果没有勤奋，知识和经验就转化不成能力，于是难以胜任工作，没有勤奋就不能得到发展的机会，就创造不出更大的价值。得不到更好的发展空间。所以难以胜任自己手头的工作，也会缺乏发展必备的各种要素而创造不出更大的价值，得不到更大的发展空间。

当然勤奋也有方法，不能只靠着蛮劲。例如：领导让你赶快发个传真，可是传真机坏了，你开始埋头去修，你又不会，于是你一遍一遍地打电话催维修人员。你以为你这是努力工作了？其实你可知道，也许对方公司就在你们办公楼的街对面，跑几步就到了，有打电话催的时间，你完全可以将打印机送过去，你不但在第一时间完成了这件事，关键是也没有耽误领导的大事。

所以说勤奋也需要变通。简单来讲就是结果为重。面对工作困难，首先是要"心"勤，多思考多想办法，转变思路，看怎么做能够最有效率。其次是"手勤"，想到就要去做，不能怕东怕西，一会儿怕累，一会儿嫌脏不行。最后就是"嘴勤"，如果工作中遇到什么困难自己解决不了，千万不能憋在那儿自寻烦恼，要问，也许你认为比较难办的事，在其他同事眼里是件比较容易的事。甚至可以向领导寻求帮助。做到这三点，你才算是个既"努力"又"会努力"的人。相信离你看到彩虹那天不远了。

饱满的稻穗，往往是下垂的；低俯之草，往往更经风霜。放低自己的姿态，从最微不足道的事情做起才是正确的。有些人喜欢听别人说：你这个人啊，很是聪明，就是不努力，再努力一点你就能成个人物，这些人反觉得高兴。聪明不是可以炫耀的资本，懒惰却是一个人失败的根源。

踏实工作，不眼高手低

你从工作以来做过几份工作？要诚实地回答。一年换一次工作？或者甚至是还没满试用期就辞职走人？你是否检讨过自己有眼高手低的毛病？"这工作太简单，没什么挑战性。""这个单位的领导就是个傻逼，根本不懂经营。""我一个名牌大学毕业生，让我给你做秘书？你是上天派来玩我的吧！"诚实点，你是不是说过这些话？现在就此打住吧。眼高手低，不踏实的人入不了领导的眼。

有一个女孩子，在某外企做助理，按照一般人看来，最牛的助理，也就拿四五千的月薪，可是她的月薪是2万。他们部门领导说："整个部门，任何一个人休假，跳槽都没什么，但是她休假一天，整个部门就乱套了。根本无须吩咐她做事，她会在你吩咐之前就把事情完美地完成了"这样的人，领导恐怕她跳槽，于是给她拼命地加工资。

所以说踏实工作，实事求是地对待你自己，做好职业规划，别遇到困难就退缩，别瞧不起领导安排的工作。因为你没去认真做，永远不知道自己能否胜任，能否求得更大的发展。

做个受欢迎的人

赵斌大学毕业，他学的是土木工程专业，为了留在大城市，他开始拼命地找工作，找了几家房地产公司，都是人满为患。有一家大型房地产公司对他说："我们现在暂时不缺土木工程专业的人，你先来我们这做保安吧。"赵斌一听很火大：我堂堂一个名牌大学毕业生，让我去干保安？这还不让人笑掉牙。于是他气愤地回绝了那家公司。

工作不好找，心情很不好。他趁有时间就回了趟家。他家在山东农村。回到家他就把自己的烦心事向家里人诉说。父亲听后笑着说："现在像你这样心态的人很多。"

赵斌不明白父亲的意思，于是父亲带他到山上采蘑菇，但是因为家乡野生蘑菇很出名，好几十块钱一斤，有很多人已经先下手为强了。于是父子俩只采了些山果回去。在回家的半途中，父亲把采来的山果卖了，买回来了野蘑菇。回到家父亲对赵斌说："你看到了？很多人都在去抢那个东西的时候，我们不一定能够顺利得到，有时候我们不得不走一些弯路，这是没办法的事。"赵斌明白父亲的用意了。

后来，他还是去那家公司，做了保安，在那里，终于找到了一次机会，让领导发现了他的才能。当时领导很惊诧地问他，原来你是这方面的专业人才，怎么愿意做保安呢？赵斌告诉他："我不来公司做保安。你怎么会发现我的才能呢！"

是的，你连最基础的工作都没有做好，怎么能让领导看到你的才能呢？整天高谈阔论是没有用的。中国有句古话："小姐的心，丫鬟的命"，这种人最要不得！心比天高，目空一切，目中无人，眼高手低，自以为是，这样的人是没有人会愿意跟他一起工作的，也绝对不会受到领导的重用。

人都是有理想的，眼高手低的人的问题就在于有理想，但却从来不一步步走，总想着一口吃个胖子，总想着走捷径，一步到位。

怎么可能呢？不踏实工作，没有短期目标，只看着最终的理想，你永远也不能实现。

踏实工作，把每一件领导交代的小事完成，给自己确立一个短期的目标，慢慢地累加起来，你才能真正成就自己的事业。这里我要说，职业规划很重要。首先想好一个你希望成为的人，你想在哪一个行业达到一个什么样的成就。举个例子，你想成为你的领导那样，这时你应该想好你实现这个目标的时间，比如三年，然后你去看看，你和你领导，在软硬件上差多少，比如你领导英语很流利，和各个政府部门关系很好，朋友很多，业务知识精通，等等。然后，你就可以把你的目标划分成每年、每个月、每天你要达成什么了。每天看看，你完成了你的规划了吗？

踏实工作不仅是领导对你的要求，更应该是你对自己的要求。想用跳槽跳出完美人生，根本就不可行，想用高谈阔论来显示你很有才能，未必如愿。只有你切切实实地把工作做好，才能得到领导的肯定，也才能让自己活出精彩。职业规划不是一个计划就行的，关键在于你是否脚踏实地地去执行了。

珍惜时间，不拖拉

相信《明日歌》大家都很熟悉："明日复明日，明日何其多。我生待明日，万事成蹉跎。"或多或少一些职场人士都会困在明日复明日的窘境中。本来5天之内就能做完的事，不知道怎么回事7天过去了，还是没什么进展。到了最后期限了，就草草应付。

有人觉得这种紧迫感能够带给他更多的力量促发斗志。可是这几天身心疲惫不说，光那股巨大的压力就会非常恐怖。于是你说：下次再也不这么干了，早做好早轻松。谁知拖拉症周而复始，变成了一种恶性循环。

犯拖延症的人把"时间"不当回事。"反正还有时间""还有一个月呢""还有一星期呢""还有一天呢"这几句话会接二连三地从他们口中说出。最后工作成绩不理想，任务完不成，最后被辞退。何必呢？一个优秀的员工，不会自以为是地设计工作时间，而是根据工作的要求来安排。跟上整个团队的工作进度，跟着领导的工作进度。这是非常重要的。在所有的老板心里，他最希望你说：昨天我已经完成了。

某领导要去外地参加一个非常重要的会议，会议上他会发表演说并且要跟参会的公司进行合作方面的谈判。于是几个下属忙得头晕眼花，准备各种资料，包括演讲稿和合作方案等。

领导这天早晨要赶赴机场了，各部门主管都来送机。领导问其中一个："资料都准备好了吧，现在给我吧。"谁知这个人睡眼惺忪地说："昨天晚上太困了，就睡了3个小时，还差一点，我一会儿回公司整理，然后以电子邮件发到你邮箱，您落地的时候，肯定弄好了。"

领导听后大怒："怎么会这样？我已计划好利用在飞机上的时间，与同行的顾问研究一下自己的报告和数据，别白白浪费坐飞机的时间呢！"

闻言，这位主管的脸色一片惨白。

最佳的工作完成时间是昨天。这看上去是个荒谬的要求，其实正是你立于不败之地的法宝。要在竞争激烈的环境下获得成功。效率是不可或缺的因素。每一个做领导的、做老板的都知道"时间就是金钱"这一个概念，为了公司的发展和生存，恨不得把一分钟掰成八瓣来用。所以，要领导花时间等你的工作结果，比浪费金钱更叫他心痛，因为在那失去的一分钟内能想到的业务计划可能价值连城。

由此可见，没有哪一个不讲效率的人能成为领导。也没有哪一个领导肯容忍一个习惯性办事拖拉的下属。要想在职场上平步青云，风生水起，就必须按领导的要求来，只要领导问起，回答必须是"昨天"。

尽快完成任务，不是口号，不是标语，它应该是你内心深处最持久的习惯。有人说我尽快完成了任务，领导还会交代其他的任务，那样我多累啊。工作多说明领导看重你，时刻记住，肩上的工作越多，对于领导来讲你就越重要，因为对于他来讲，没了你，那些工作可怎么办呢？下面为你介绍治疗拖拉症的10个技巧：

1. 重点提醒

将要完成的工作重点标记，时刻提醒自己。

2. 找到自己的注意力规律

然后把工作安排在一天效率最高的时候。

3. 把领导给的期限往前一天

任务截至在5号，你给自己的日期最迟在4号。这样不管你怎么紧，总归会提前完成。

4. 将工作分出轻重缓急

重要的马上就做，小事就抓紧顺手做了，免得占用大量的时间。当一大堆工作都摊在你面前时，你就不知道该从何做起了。

5. 先痛苦再享受

每天早晨现做你最不想做的事情。完成后其余的工作就轻松多了。

6. 劳逸结合，适当地休息一下，但是切勿不休止地娱乐

给自己十分钟休息时间，时间到强迫自己投入工作。

7. 各个击破

其实工作看似庞大，但只要把工作细分出来，一部分一部分

地完成，你会发现其实很轻松。

8. 避免工作被打断

集中精力可以使你在很短的时间完成更多的工作。

9. 严格按照计划执行

一旦你给自己制订了计划，就严格遵循它。不要为了使计划更完美，而中途添加新的内容。

10. 当你按时完成工作时，给自己一个奖励

这样会激励自己，逐渐地养成良好的工作习惯。

"我拖拉症又犯了""昨天有点事，没来得及""客户那边没动静，我也就没催呢"说这句话的时候，你就是在给自己不努力工作找借口，借口是领导最不喜欢的，做事拖拉的人也是领导最不喜欢的。本来很轻松就能搞定的工作，何必去跟领导撒一个谎，然后再用无数个谎话来自圆其说？最后多半圆不好，结果是自己被下课。

你是"差不多先生"吗

不知是从小考试考多了的原因还是现代人心态比较浮躁，在职场中"60"分万事大吉的心态比比皆是。一边抱怨领导不给展示的机会，抱怨薪水太低，一边对待工作敷衍了事，差不多就行。是你认为工作太简单，还是你根本就没有全身心投入，发饷时拿到钱就行？其实，"差不多"的心态往往造成"差很多"的结果。

例如：一个做销售统计的员工，每一笔数据和账单必须要做到100%正确，正所谓差之毫厘，谬以千里，差一个小数点就是没有完成工作。

认真工作，把每一项工作都认认真真地完成，执行到位的同时积累经验，这是每个下属都应该做到的事情。整个企业或者单位的工作都是一环扣一环的，你在某一个环节上造成了一个短板，

后果是领导和其他同事都跟着你遭殃，整个企业的水桶里的水都从你这流走了。这样会对大局产生非常不利的影响。

"差不多"先生古来有之，国学大师胡适先生的《差不多先生传》可谓把这种人写得入木三分。我们一起来看一下，这里有没有你的影子？

你知道中国最有名的人是谁？提起此人可谓无人不知，他姓差，名不多，是各省各县各村人氏。你一定见过他，也一定听别人谈起过他。差不多先生的名字天天挂在大家的口头上，因为他是全国人民的代表。

"差不多先生"的相貌和你我都差不多。他有一双眼睛，但看得不很清楚；有两只耳朵，但听得不很分明；有鼻子和嘴，但他对于气味和口味都不很讲究；他的脑子也不小，但他的记性却不很精明，他的思想也不很缜密。

他常常说："凡事只要差不多就好了，何必太精明呢？"

他小的时候，妈妈叫他去买红糖，他却买了白糖回来。妈妈骂他，他摇摇头道："红糖和白糖不是差不多吗？"他在学堂的时候，先生问他："直隶省的西边是哪一个省？"他说是陕西。先生说："错了，是山西，不是陕西。"他说："陕西同山西不是差不多吗？"

后来他在一个钱铺里做伙计，他也会写，也会算，只是总不精细，"十"字常常写成"千"字，"千"字常常写成"十"字。掌柜的生气了，常常骂他，他只是笑嘻嘻地说："'千'字比'十'字只多一小撇，不是差不多吗？"

有一天，他为了一件要紧的事，要搭火车到上海去。他从从容容地走到火车站，结果迟了两分钟。火车已在两分钟前开走了。他白瞪着眼，望着远去的火车上的煤烟，摇摇头道："只好明天再走了，今天走同明天走，也还差不多。可是火车公司未免也太认真了，8点30分开同8点32分开，不是差不多吗？"他一面说，一面慢慢地走回家，心里却不明白为什么火车不肯等他两分钟。

有一天，他忽然得了一种急病，叫家人赶快去请东街的汪大夫。家人急急忙忙地跑去，一时寻不着东街的汪大夫，就把西街的牛医王大夫请来了。"差不多先生"病在床上，知道寻错了人，但病急了，身上痛苦，心里焦急，等不得了，心里想道："好在王大夫同汪大夫也差不多，让他试试看吧。"于是这位牛医王大夫走近床前，用医牛的法子给"差不多先生"治病。不一会儿，"差不多先生"就一命呜呼了。

"差不多先生"差不多要死的时候，断断续续地说道："活人同死人也差……差……差……不多……凡事只要……差……差……不多……就……好了，何……何……必……太……太认真呢？"他说完这句话，方才绝气。

他死后，大家都很称赞"差不多先生"样样事情看得破，想得通，大家都说他一生不肯认真，不肯算账，不肯计较，真是一位有德行的人，于是大家给他取个死后的法号，叫他"圆通大师"。

他的名誉越传越远，越久越大。无数的人都学他的榜样。于是人人都成了一个"差不多先生"。

有没有感觉到你的影子？在职场上，如果作为下属你抱着"差不多"的心态，相信你的领导会让你输得非常彻底。

"八成""大概""也许""估计""差不离"这些词是职场差不多先生的口头禅。看似不经意潇洒的一说，其实正暴露了他那颗飘忽不定的不靠谱的责任心。面对此类下属，领导也会用"差不多"的心态给你发工资了，反正差不多就行，这可是你教给领导的。

快递公司没有投资失误，差不多就行，让收件人自己去取。物业公司打扫卫生差不多就行，有点垃圾是正常的。金融证券投资失误，能赚点就行。广告公司提案被说符号用错，哎。这个没什么大不了的。不肯算细账，质量差点、成本高点、价格低点、利润少点，差不多就行了。遇事不肯斤斤计较，不求过得硬，只求过得去，对人对己差不多就行了。

这种心态要不得的。习惯养成了很难改，一个坏的习惯可以摧毁一个天才，本来你是有能力的也想为公司为领导尽心尽力，可是三个字"差不多"就让你失败了，何必呢？没有毁在与谈判对手唇枪舌剑上，没有败在金融风暴裁员上，却折在工作马马虎虎上。不值得。

工作马马虎虎这种习惯要彻底根除不是什么难事。贵在"认真"两个字，有下面几个技巧供您参考：

1. 凡事不能只做口头功夫

要落到笔头上，俗话说好记性不如烂笔头。把事项都记录下来的好处就是你永远"有据可查"。

2. 闹钟的作用

重要事件都订好闹钟，如果领导吩咐你给客户准备礼物，请把闹钟订在送之前两天，闹钟一响必须出去买礼物。谁知道中间会有什么急事，所以要给自己预留出时间来。

3. 养成整理和核对的习惯

把每一件事都做到万无一失。即使是不需要向领导汇报的小事，也要当成马上就要面对严肃的领导那样去准备。久而久之，事情有条有理，自然就不会犯马虎的错误了。

其实差不多先生也有个敌人，那就是"认真"。只要认真，没有办不好的事情。力所不能及，但是"认真"会让你寻求他人的帮助；条件不允许，"认真"会提示你创造条件或者转变思维；时间来不及，"认真"早就给你订好的闹钟。一个领导不会想看到一个马马虎虎的下属，更不会赏识一个做事不认真的员工。把工作做到位，用责任心和执行力去做"标准"下属，就把"差不多先生"忘了吧。

什么时间该干什么就干什么

你有没有感觉到时间怎么都不够用？上午过去了，本该完成的方案还没有完成。玩玩微博想说放松一下，结果一下放松过了头，一下午又没了。目前职场人士的一个通病即不会管理时间。做起事来没有效率，看似忙忙叨叨的，最后一件事也没有办成。

时间管理对于在职场工作的人来说相当重要，工作中，无论你多么谨慎地安排工作，总会出现这样的情况：工作时间没有办法连续起来，意外的事情总是会不断发生：乘坐的公交车晚点你只好耐心等待；开会时有些同事迟到你又得等着；正处理邮件突然遭遇网络掉线你还得等，即使工作时间中没人来打扰你，还是会不时地起来冲杯咖啡，或者去个厕所，或者打个电话。当你回头继续工作的时候，再很难进入状态。面对工作的"时间碎片"该怎么办呢？请记住一点：专时专用，别在不该的时间做不该做的事情。

李然是公司的一名会计，她的工作就是每月完成报表核对数据。这个月又到了月末，本来她准备在上午就把报表和数据整理完，下午要交到领导那里的。她正准备打电话核对一个数据的时候，QQ上大学同学陈杰的头像闪了起来，说这周末要结婚。于是，两人在QQ上你来我往，一会儿是祝福，一会儿要看婚纱照的，本来就是个结婚通知，结果在QQ上聊了半天还不过瘾，相互诉说着自己的情感和结婚心情。不知不觉中午下班时间就到了。

不仅李然这样，坐在隔壁的张丽也同样如此。她本身是个微博控，有什么新鲜事都会第一时间传到微博，与大家分享，如果不这么做，她会非常难受，似乎得了强迫症似的。慢慢地她发现，本来是利用业余时间发微博的她变成了工作时间也非发不可了。这让她觉得非常烦恼。

　　故事中的两人都犯了同样的错误，就是在该工作的时候干了别的事情，也许还不得不在本该休息的时间拼命地弥补。长此以往会造成恶性循环，工作起来没效率，休闲起来也充满压力。

　　除却个人的禀赋差异以及机遇不同的因素之外，有研究表明，最终导致职场人士前途迥异的最大根源就在于时间的利用效率上，同样工作八小时，时间效率利用极高的人可以处理十件事，而时间管理差的人则只能平均处理2~3件事，其中的差距竟然可以高达三倍！以相差如此大之工作效率，一年下来，效率高的与效率低的人其产出结果相差极为巨大，这也就让我们可以理解，为何在同等条件下，不同的职场人士的仕途命运会相差如此之巨大。

　　所以，如何管理好你的时间，在有限的八小时中创造更多的业绩，在工作中给领导一个好的交代，是每一个下属应该高度重视的事情。下面有几个方法可供职场人士参考：

1. 找到目标点，不完成不放松

　　尽管每个人在工作时都会遇上这样或者那样的"杂事"。这个时候准备一个笔记本最为重要，当一天开始的时候，把需要完成的工作都记录下来，每一项工作都需要标注时间点，当经过这样的梳理之后，试着找到一天工作的重心，用这个关键的目标去说服自己，当完成了一个事项的时候，在上面打个标记，也在心里为自己记上一个"小红花"。时间长了，你就会发现工作效率提高了不少，另外工作完成后的休闲时光也是多么的惬意。

2. 不要太"乐于助人"

　　此乐于助人不是要你不帮助别人，而是不要超出你自己可能承受的时间范围。同事有事请你帮助，部门之间需要协调，甚至隔壁邻居想要你帮忙在公司问个事情。这些"帮助"看似举手之劳，你都应承下来，最后你发现你帮别人把事情都做好了，自己的却一点也没有进展。作为一个员工，最大的职责是把自己的工作完成得漂亮。懂得拒绝也是一门学问。

3. 找到自己的专注周期

每个人的注意力专注时间都是不一样的。从人正常的生理变化来说，每个人一天都有一个专注力高低变化的曲线，有些人是早上专注力最佳，精力最旺盛，有些人则是专注力在黄昏时达到高峰。了解自己专注力时间的变化周期，有助于清晰地知道自己在一天有效工作时间中，哪一个时间段中工作效率最好，哪一个时间段工作效率明显下降，而接下来要做的就是，根据自己的专注力时间周期去适当分配一天要完成的工作，难度高的、需要高度专注的事情放在专注力高的时间段，反之则放在专注力低的时间段。这样的时间分配不仅可以使在有限工作时间中，产出效率最高，而且也能令自己工作时心情更为愉悦。

时间管理对于每个人来讲都非常重要，尤其是对职场人士来说，没有一个领导认为没有时间观念的人是有工作效率的，在工作中没有效率意味着没有全力以赴地完成工作，你就更不可能成为领导眼中的积极的人。另外学会时间管理对你自身也很有帮助，把自己管理得井井有条，心情也会非常舒畅，生活才会无限美好。

第十一章

抱怨无益，努力工作

　　每天生活在抱怨之中，于事无补。把抱怨的时间用来工作，或许你的工作可以做得更好。

思考和工作，每天都要进行

老板和员工是天生的冤家？有些人是这么认为的。有些下属以为老板整天都是无所事事，只是打打电话，喝喝咖啡而已，是靠压榨员工的血汗来过舒服日子的人。这种人从内心里把老板和下属的关系对立起来。人们经常听到他们的抱怨，即使偶尔彼此关心一下，也让人觉得虚伪。

可是实际上是这样吗？没有哪一个老板是不工作不思考的，否则他怎么能经营一家公司？老板与下属的关系，究其根本，只是两种不同的社会角色，不同的社会分工而已。所以说，你和老板实际上是互惠共生的关系。所以两者应该是相互支持彼此共赢的关系。你作为下属在努力为老板工作，同时也要看到老板也在不断思考和工作着。

苏总是一个很幽默的人，平时喜欢和员工开玩笑，在公司聚会的时候也喜欢和员工"吹吹"最近的精彩生活。公司刚来的小赵虽然比较喜欢这样的领导，但是有一次因为工作中的小失误使公司损失一个大客户。苏总一时气愤对他大发雷霆。最后说了一句："要你干吗？不想干就滚蛋。"虽然是气话，但小赵觉得非常委屈，慢慢在心里把苏总比喻为万恶的资本家。

一天，小赵加班到很晚，终于结束了工作。当他准备走的时候，看到苏总的办公室灯还亮着。以为是苏总忘记关灯了。当他走到苏总办公室门口的时候，他听到苏总正在跟客户打电话说："实在对不起，因为我的一个员工疏忽，让您有些损失，我愿意承担责任。人是我带出来的，我当然会为他负责……您别这么说，我不能开除他，这孩子挺有灵性的，缺少培养。"听到这里，小赵真是感觉无地自容。

就像故事中的苏总一样，实际上，老板并不像我们想象中的那么轻松潇洒，作为公司的经营者，他们承担着巨大的压力和风险，他们只要清醒着，头脑中就会思考公司的行动方向，一天十几个小时的工作时间并不少见。下属完成了一天的工作下班了，他们仍然要为公司的整个经营在思考，在努力。你只有知道了这些才能真正理解他，成为他的战友而不是敌人，一旦成为战友，你才能全身心地投入工作，把工作当成实现自我价值的途径。

企业越大，其经营中所遇到的风险就越大。经营企业用风险换来收益的过程。老板需要对这种风险进行思考，可谓是一个人承担起来，除去风险，还有责任，他们看到下属为他们努力工作，相信没有一个老板是忍心看着下属吃不上饭的。一大家子的人靠他养活，压力不是一般的大。如果这时候你替他分担一些，相信你的收益也是非常大的。

老板承受着不为人知的痛苦和责任，有人把他们称为企业的家长、教练、领导者，其实更多的，老板是员工事业上的伙伴，老板在为公司工作的同时，也为员工的发展搭建了一个很好的平台。所以一到下班时间就率先冲出去的员工不会得到老板的喜爱，所以不要吝惜自己的私人时间。斤斤计较一开始只是为了争取个人的小利益，但久而久之，当它变成一种习惯时，为利益而利益，为计较而计较，就会使人变得心胸狭隘、自私自利。它不仅会对老板和公司造成损失，也会扼杀自己的创造力和责任心。

很多下属认为老板对公司而言仅是一个投资者，是一个"最有权力的闲人"，在这种心态下，有人抱着"干多少活，吃多少饭"的心态，消极地对待工作，甚至在工作中还可能产生抵触情绪。作为下属不能只看老板轻松潇洒的日子，还要看到他们为之而付出的努力。"当你领薪水那天，应该是老板最快乐的一天，而不是最痛苦的一天。"为了这个目的而奋斗吧。学着做老板的战友，和他一起并肩作战，你会收获的只有更多。

实现自己的价值，而不是光看自己的薪水

工作薪水是一个领导对于下属所做贡献的回报，也是职场人士最为关心的东西。新入职的人有的只看薪水，薪水高就留，薪水低就走。其实这都是"短视"的表现。如果领导还没有看到你能否为公司创造价值的时候，就一口应承你年薪百万，你敢答应吗？恐怕还以为是自己不小心误入什么不法传销组织了吧。现代职场上，有多少人还在不考虑自己的兴趣爱好以及什么样的工作才适合自己而只追求高薪呢？看看结果就知道了，这种人最后会以失败告终，因为他们的职业理解就有误的，是肤浅的。

人要为价值而不是为薪水工作。生计只是工作的一部分，要在工作中发挥自己最大的潜力，让自己的价值得到体现，这才是最关键的。要不然人为什么要花费人生三分之二的时间工作？生命的价值不能仅仅是为了面包，还应该有更高的需求和动力。不要放松自己，时刻告诫自己，人要有比工资更高远的目标。不要为了薪水而工作，这句话不是领导在欺骗你，而正是领导在帮助你找到自身的闪光点。

一所大学里有个著名的教授，手下有两个非常优秀的研究生，他们都非常聪明能干。这个教授非常得意，对他们来说，毕业后找到一份不错的工作是件很轻松的事情。一天教授有个朋友创办了一家公司，委托教授物色一个合适的人做经理助理。

教授答应了下来。

于是他让两个人都去试试。第一个同学面试完之后，跟教授抱怨："您的朋友太吝啬了，只给3000元的工资，我前两天面试的一家给5000我都嫌少。"第二个学生去了，当然他也想挣更多的钱，但是当他看到教授的这位朋友时，他改变了自己的决定。他觉得跟着这样的人能够学到很多东西，觉得自己可以拥有

足够的智慧面对社会。

教授在听到他这样的观点后，非常欣慰，说他一定会有一个好的前途。三年后，第一个学生的月薪由 6000 元涨到了 8000 元，第二个学生却从月薪 3000 美元拿到了年薪 20 万美元，还有外加的公司股权和分红。

刚开始两倍的工资又怎样？笑到最后的才笑得最灿烂。所以，不要刻意追求薪水的多少，应该把眼光放长远，领导给下属的除了金钱之外，还有很多附加的东西：能力的提升、工作的平台等。就像一袋薯条，它看上去要值那么多钱吗？附加值才是硬道理。

马斯洛需求层次理论告诉我们：工作为了薪水，只是人们最低层次的需要，是满足温饱阶段的需求。温饱需求解决后，人会有更高的追求，即个人价值和社会价值的体现。对于职场人士来讲，工作是实现价值的最好途径。如果刚开始你把实现自我价值的路子给堵住了，即使你月薪拿到一万元，也处在温饱阶段。所以一定要清楚，工作绝不只是为了薪水。

如果明确了工作是在为自己，那就很容易回答"为价值工作还是为薪水工作"这个问题了。那种"短视"的"等价交换"："我为公司干活，公司给我工资，我对得起自己的工资"——让"短视者"错失了诸多机会。这其实是现代版的"买椟还珠"，拿到了薪水，却失去了自己的前途和信心。或许公司正在为其升职、加薪，而让其有更多机会工作锻炼，但他本人却不能正视这些，因此丢掉可以获得成长、技能和经验的机会。

领导给予了你锻炼、训练的机会，工作提升你的能力，工作丰富你的经验，在工作中你能逐渐建立起自己的品格、完善自己的职业道德，所有这一切所蕴含的是你将来提高薪水和提高职位的根本基础。

现代社会，高薪往往成为职场人士追求的最主要目标。但是也是部分职场人士最不幸的地方。这个错误的目标使他们离成功越来越远，可谓是南辕北辙。因为过于在乎薪水而变得短视，有钱就干活，没钱就敷衍了事。这样的工作态度无异于使自己的生命枯萎，将自己的希望断送。薪水的多与少永远不是工作的终极目标，它只是一个微小的问题。我们更应该看重的是，通过工作可以获得大量的知识和经验以及踏进成功者行列的机会，这才是最有价值的"薪水"。

把工作当事业，把公司当产业

美国最大的商店和药品商店零售商创始人詹姆斯·彭尼认为："我要的人是能够把工作当成事业的人，把公司当成自己的产业去工作，掌握实践机会的同事也是能够负起责任的人。如果不具备成为合伙人的能力和潜力，这种人我不会要。"这一理念非常具有时代意义。当下多少人把工作说成是"打工"？

许多人都把工作看成是一个雇佣关系，做得好与不好，公司或者单位做得大不大，成效如何，业绩如何都似乎与他们没有太大的关系，他们只看重自己每个月在发工资的时候有没有得到应有的报酬。其实，这种想法完全是错误的。

成功人士都不会这么想，他们都会把整个企业当成自己的事业来做。用一种主人翁的心态做事，恰恰是最聪明的人。因为，一旦你把自己当成主人翁，你就会在工作中比别人得到更多的乐趣和激情。工作更加投入也更加富有效率。这些都不会被领导忽略的。当提高工资和晋升的机会来临时，他首先考虑的肯定是你。因为在领导看来，你是和他站在同一个战壕里的战友，而不是隶属关系。

小李和小王是大学同班同学，毕业后留在广州，两人关系不错，一起找工作，为对方打气。刚毕业找工作不容易，正好有家软件公司招聘，两人双双被录取，负责某种办公软件的设计开发。一来到公司，两人发现公司规模真是太小了，注册资金只有十万不说，公司人员总共只有7个人。

面试的时候老板承诺以后干好了会有股份，又因为两人急于安身，所以就答应了。可是进去才知道，公司的条件真是太让俩人失望了：一间废弃的地下室，阴暗、霉臭、潮湿。天一下雨，天花板上凝聚而成的水滴源源不断地往下流，电脑上都要罩着塑料布才行。虽然产品市场前景看起来很好，但资金的瓶颈随时有可能将美好的梦想扼杀于萌芽状态。最要命的是，产品不知名，只能靠赊销出售，但这一销售模式的最大弊病就是资金回笼不及时，一个月下来，工资的发放都成问题了。

两个月后，小王待不下去了，对小李说："有的是好公司，干吗要在一棵树上吊死？股份？老板连他自己都无法自保，哪里还有股份给咱们？"他劝小李和他一起辞职算了。

不久，公司资金链条断裂，濒临绝境，留下的几个人也走了，只剩下小李和老板两个人。看着老板年轻而憔悴的眼神和孤独而坚定的背影，小李反而坚定了自己的信念，他原本也是个不愿服输的人，再加上这几个月的工作，他开始深深了解到老板的不易和想把公司做大的决心。于是他下定决心一战到底，从此开始加班加点，从技术上入手，争取把产品做到最好。

老板曾对小李说："你想走，我不留。"但是小李拒绝了，他说他会坚持到最后一刻。半年后，老板筹措到了新的资金，公司重新运转。产品由于质量好，买家愿意先付款了，公司局面开始峰回路转。他们还成功地说服一家实力雄厚的投资公司出钱，推出一种早就被他们认定具有广阔市场前景的新型办公软件。俩人全身心地投入到新软件的研制中去，常常吃住都在地下室，半年后终于推出了完美的产品，产品上市后供不应求。他们终于挖掘到了自己的第一桶金。接下来，公司开始招兵买马，发展壮大，短短的几年工夫，就成为行业内大名鼎鼎的软件公司。小李也被提拔为公司的副总兼技术总监，月薪可以拿到 2 万元。

年终，老板和小李同游澳大利亚，他们在阳光明媚的海滩晒着日光浴，回首往事，感慨万千。老板禁不住热泪盈眶，他问小李："老弟，你知道我为什么能支撑下来吗？"小李说："因为你是打不垮的，否则我也不会留下来。"老板却说："不，其实当人们纷纷离我而去的时候，我就想关门了。我从不怀疑自己的能力，但我当时已经相信'谋事在人，成事在天'的说法了。是你让我找回了信心，我想只要有一个人留下，就证明我还有希望。感谢你！在我想躺下的时候，总有你这双手在拽着我走。我知道，当时如果你走了，我肯定崩溃了！"为了感激小李，老板给了他公司 40% 的股份。

什么是主人翁？小李做到了：把自己的工作当成事业，把公司当成是自己开的。只有这样，你才能全身心地投入到工作中去。主人翁意识不是领导在骗你付出，不是公司在利用你，而恰恰是你自己获得成功的砝码。英特尔总裁安迪·格鲁夫应邀对加州大学的伯克利分校毕业生发表演讲的时候，曾提出这样的建议："不管你在哪里工作，都别把自己当成员工，应该把公司当作自己开的。"而且千万要记住：每星期一开始都要启动这样的程序。

那么，怎么做才能成为主人翁呢？把自己当公司的老板。挑战自己，全力以赴，并且一肩挑起失败的责任。不管薪水是谁发的，最后分析起来，其实你的老板就是你自己。下面有几个方面需要注意：

1. 全心全意为工作服务

工作的热情是发自自己内心的，而不是别人吆喝两句才出现就行的。所以从心态上给予自己肯定，从工作中不断找到工作的激情是最为重要的。培养出自己无人能及的能力，不要怕得罪老板，不要怕得罪同事，如果你跟他们的争执完全是为了工作开展得更好，那就要坚持。领导不会舍弃一个为公司竭尽全力的人。

2. 把自己视为合伙人

合伙人，也就是说自己对公司的成败负责，并且深知公司的成败对于自己而言具有很大的影响力。把自己当成合伙人，培养自己和领导和同事之间的合作关系。像对待自己的产业那样对待自己的公司是一个年轻人在事业上取得成功的重要条件。

3. 成为被领导需要的人

领导需要你到哪里，你就去哪里，要有大局意识。你应该在不断的自我提高，并且服从工作的安排，在瞬息万变的竞争环境中，以不变应万变，成为和领导一起成长，成为企业或者单位最需要的人。

人本质上都是有些自私的，这一点无可厚非。但是工作中自私会让自己的事业受到影响，甚至会一事无成，那怎么办呢？两全其美的办法就是尽忠于工作，把公司看成是自己的。这一点也不自欺欺人，做到的人最后都有所成就。而做不到的人只能望而兴叹。何必拿自己的人生开玩笑？

用热情对待工作，用工作来体现价值

威廉·费尔波是美国耶鲁大学最著名而且最受欢迎的教授之一。他在所著的《工作的兴奋》一书中提到：他爱好教书凭的是一份热忱，就像画家爱好画画，歌手爱好歌唱，诗人喜欢写诗一样。每天起床之前，他都兴奋地想着有关学生的事。他觉得成功者所以能够成功，最重要的就是自己对与每天的工作都抱着无比的热忱。

热忱顾名思义就是兴趣，就是你愿意为之付出，愿意为之而努力。简单来讲工作就像学开车一样，刚开始新手上路时总是充满了新鲜感，觉得自己正走在一条康庄大道上，可是新鲜感一过，每一条康庄大道看上去就像一条没有尽头的荆棘路。看惯了沿途的风景，觉得开车不过如此，慢慢地就有了疲惫的心理。其实，正如疲劳驾驶一样，工作没有激情，有可能随时撞车，会把你的职业生涯带到一个生死边缘。

风雅是一名职场新人，刚从学校毕业的时候，她觉得工作是一件非常令人愉快的事情。工作非常积极、热情高涨。她对自己的职业前途有非常大的期望值。她甚至觉得在一个大企业里面当清洁工都行，都能学到东西。但是半年不到，在办公室做行政的她就感觉自己和机器人是一样的。每天是上了班就希望能早点下班，一点也没有原先的激情了。每当工作有什么困难，或者有什么不顺心的事，她就会想用跳槽来解决。她觉得不是自己没有激情，而是当下那份工作给不了她激情。

可是每当跳槽后她还是一无既往地没激情，似乎变成了一种恶性循环。讨厌工作环境，讨厌周围的人。于是她觉得做SOHO一族，在家里上班。开始时她特别兴奋，虽然生活有些艰难，但是她都挺过来了，等SOHO这样的模式已经成为她的常态时，明显感到自己已经失去了曾经拥有的欢乐，每天只是机械地敲击键盘和面对闪烁的显示屏时，曾经有过的新鲜感和惬意感也渐渐失去，取而代之的却是焦躁、痛苦甚至怨恨，时时刻刻总感觉自己分不清是活在虚拟社会里还是在现实生活中了。

就像风雅一样，在这个社会中，职场人士都承担着生存压力、人际交往的压力等，同事之间的竞争变成了常态，很多人已经忘记了工作的目的是为了更好地生活。从而开始变得迷茫，在种种压力来临时，风雅选择了逃避，可是逃避能够解决问题吗？显然是不可能的。缺失了工作的热情，要转换心态才是正确的。

激情是工作的灵魂，如果你在工作中失去了激情，那么你看什么都会单调而琐碎，毫无生气可言。慢慢地你会走进一个误区：工作没有意义、人生不过如此等。所以说在领导眼中，那些对工作充满了激情的下属，永远是最有潜质、最值得依赖的人。因为他们在自己所选择的方向上义无反顾。

那么，怎样保持对工作的激情与热爱呢？光喊口号可不行，工作其实就像一堆煤山，热情就是火种，用热情去点燃煤山，工作就会燃烧起来，释放出巨大的能量。要想保持对工作持久的激情，就要给自己不断树立新的目标，挖掘新鲜感；把曾经的梦想找回来，找机会实现它；审视自己的工作，看看有哪些事情一直拖着没有处理，然后把它做完……在你解决了一个又一个问题后，自然就产生了一些小小的成就感，这种新鲜的感觉就是让激情每天都陪伴自己的最佳良药。我们总结了几点事项供您参考：

1. 目标最重要

没有目标是工作倦怠的罪魁祸首。给目标制订实施的具体计划即什么时候完成什么，一一写清楚，定时检查。完成好会逐步树立自己的成就感，完成不好自己会有压力会想办法再去解决。一段时间后你就可以进入状态了。

2. 劳逸结合

有些人是工作狂，只知道拼命地工作，工作霸占了他的全部时间，他总说这是迫不得已的，于是开始对工作产生反感。其实在工作之余适当地休闲娱乐一下，然后再投入工作中，这样不仅能够缓解工作压力带来的烦躁情绪，还可能很好地提高工作效率，何乐而不为呢？

3. 你可以有很多选择

选择继续或者离去其实很简单，一定要提醒自己你完全有能力去别的地方发展自己。但是你选择留下来，怎么着都要干得漂亮才行。想到这，相信你已经激情满满了吧？

4. 分散注意力

把自己的爱好和业务活动当作本职工作一样认真对待，并同样引以为豪。不要只把工作看成评价一个人成功的标准。用业余活动来均衡心态，帮助调整职场的紧张感。这一点非常有效。

如果工作没有激情，即使再有能力，业务水平再强，在领导眼中你也由一个前途无量的员工变成了一个普通的员工。所以激情是工作中的加油站，只有它源源不断地给你动力，你才走得更远，也才能更加成功。

相信很多人都知道"树洞"，在网上它是一个公共的领地，是人们吐槽抱怨的地方。其实，当你对工作产生倦怠的时候，不妨把内心的苦水往外倒一倒，好把你的心腾出来让激情入驻。领导会喜欢看到你的激情，当然他也会为了你的这份激情给予你特别的关注。

工作是使命，上天赋予的

跳舞吧

如同没有人注视你一样

去爱吧

如同从来没有受过伤害一样

唱歌吧

如同没有任何人聆听一样

工作吧

如同不需要金钱一样

活着吧

如同今日是末日一样

我哭

因为有眼泪

我笑

因为有微笑

我唱歌

因为有些不能说的

我跳舞

因为脚不愿意停下来

我工作

因为那是人生一部分

我去爱

因为我不可取代

我活着

因为我的心还在跳动

这是一位名字叫作艾佛烈德·德索萨（Alfred D'Souza）的神父所写的，他是想告诉人们珍惜那些与别人共度的时光，不要等待，人生本身就是一段旅程。是的，就像诗中所说的那样，工作是人生的一部分，是上天赋予的一种使命。人生来不是为了享乐，而是为了证明自己活着，管他酸甜苦辣你都经历过。所以不管你现在是即将进入职场的新人，还是已经在职场摸爬滚打过许久的老员工，都应该以崭新的姿态去面对每一天的工作，因为它是我们的使命，也是我们人生轨迹那不可重来的一笔。

下面是一个微软部门经理讲述的一个快乐车夫的故事：

这个部门经理（以下简称 W）在上海，要赶去机场，于是匆匆结束了一个会议，在美罗大厦前搜索出租车。一辆大众车发现了他，非常专业地、径直地停在 W 的面前。

"去哪里……好的，机场。我在徐家汇就喜欢做美罗大厦的生意。这里我只做两个地方。美罗大厦、均瑶大厦。你知道吗？接到你之前，我在美罗大厦门口兜了两圈，终于被我看到你了！从写字楼里出来的，肯定去得不近。"出租车司机说。

"很多司机都抱怨，生意不好做啊，油价又涨了啊，都从别人身上找原因。我说，从别人身上找原因，你永远不能提高。从自己身上找找看，问题出在哪里。"

"要用科学的方法、统计学来做生意。天天等在地铁站口排队，怎么能赚到钱？每个月就赚500块钱怎么养活老婆孩子？这就是在谋杀啊！慢性谋杀你的全家。要用知识武装自己。学习知识可以把一个人变成聪明的人，一个聪明的人学习知识可以变成很聪明的人。一个很聪明的人学习知识，可以变成天才。"

"在大众公司，一般一个司机每月三四千的收入。做得好的大概五千左右。顶级的司机大概每月能有7000元。全大众2万个司机，大概只有2～3个司机，万里挑一，每月能拿到8000以上。我就是这2~3个人中间的一个。而且很稳定，基本不会大的波动。"

太强了！到此为止，W越来越佩服这个出租车司机。

"我常常说我是一个快乐的车夫。有人说，你是因为赚的钱多，所以当然快乐。我对他们说，你们正好错了。是因为我有快乐、积极的心态，所以赚的钱多。"

"要懂得体味工作带给你的美。堵在人民广场的时候，很多司机抱怨，又堵车了！真是倒霉。千万不要这样，用心体会一下这个城市的美，外面有很多漂亮的女孩子经过，非常现代的高楼大厦，虽然买不起，但是却可以用欣赏的眼光去享受。开车去机场，看着两边的绿色，冬天是白色的，多美啊！再看看里程表，100多了，就更美了！每一样工作都有它美丽的地方，我们要懂得从工作中体会这种美丽。"

"我8年前在公司做过三个不同部门的部门经理。后来我不干了，就主动来做司机。我愿意做一个快乐的车夫。哈哈哈哈。"

最后这个微软的经理要到了这位快乐车夫的电话，并且邀请他为员工上一堂MBA课程。

做一个快乐的车夫，不仅能够拥有快乐的生活，同时还能赚取丰厚的财富，何乐而不为呢？如果以这样的心态工作，你会发现任何事情你都可以开怀，也更加能够享受到工作的快乐。不会平白无故地和同事起争议，也不会为了福利而对领导心怀恶意。你会知道我们从工作中所获得的一切都是有价值的。老板给了你一个机会，给了你一个平台，给你提供工作环境、办公设备、各种便利、福利等，成就了你的事业，成就了你的价值，成就了你的人生。

在这个平台上，还有你可敬的同事们。公司有管理部门、生产部门、销售部门，试想一下，不论身处哪个部门，若没有其他部门同事的工作，本部门同事的配合，你可能实现自己的劳动价值吗？快乐地并且带有感恩之心地去工作，可以让一个人获得最大的心灵满足，也会让你得到最大的回报。

人生是一段旅程这是很多人都喜欢的话，由此他们开始找自己的目的地，有的人茫然地东找西找，有的人为自己规划一个方向而努力奋斗。其实不管是怎么面对工作，作为一名员工，作为一个正在工作的人，都应该把工作当成自己人生的使命，因为工作是我们人生的一部分。干一行爱一行，不抛弃，不放弃，不抱怨领导，不嫌弃同事，快乐工作，不断思考，你才能把工作做得漂亮，把人生过得有意义。

今天工作不努力，明天努力找工作

"我要离开这个公司。我恨这个公司！我讨厌这里的老板！""在这里我看不到前途，天天就这么上班有什么意思呢？""我决定辞职了，也许我会找到一个好的公司""这里赚得太少了，我要去赚大钱"，这些话是不是你平时常常听到的呢？频繁跳槽已经成为现代职场人士的一个通病，俗话说人无横财不富，其实应该是人无"恒财"不富才对，你不努力工作，抱着不劳而获的侥幸心理去寻找财富，永远也不可能成功。

所以每天当我们面对自己所在的单位或者公司时，抓住一切机会，充分利用领导为你提供的资源，从公司的整体出发，积极行动，只有把公司的蛋糕做大了，你才能收获自己的那一份。停止无休止的抱怨吧。发挥出你自己的优势，努力配合领导的工作。

物竞天择的道理谁都懂，现实就是残酷的，生活本身就不是任你娱乐的游戏。想想当几年后，看到当初的老同学都个个小有成就，慢慢地积累起了自己的社会资源，也都爬到了一个稳固的位置上，再想想你自己，换了无数个工作，还是一事无成。就是所谓的今天工作不努力，明天努力找工作啊。

张阿姨是一家大型集团公司的清洁工，她为人十分和善，和单位里的人相处起来都很融洽。身材有些发福，四十多岁的人了，说起话来非常地潮。手脚勤快不说，嘴巴还一天到晚说个不停，经常与人搭讪，手机一天到晚都响个不停，感觉比公司经理还忙。

一天中午，公司餐厅里有几个同事聚在一起边吃饭边聊天。一个叫仁杰的职员突然感叹说："哎，我们连张阿姨都不如啊！"其他同事听后问怎么能这么说呢？他于是说："你们猜她一个月能赚多少钱？"

一个清洁工，薪水再高能高到哪去？于是大家七嘴八舌地讨论开了，有说500的，有说800的，但仁杰只是摇摇头，伸出了四个指头，于是有人就"大胆"地预测："不会是4000吧，挺厉害的呀。"

"什么4000？是4万！她每个月至少可以赚4万！！"仁杰笑着说。

"不会吧？"人们惊讶得眼珠子都差点掉下来。

"是她自己跟我说的。"仁杰笑着说。

"张阿姨还说，做清洁工只是一个平台，我觉得她完全可以做一个 CEO 了！"

原来，张阿姨借着到公司做清洁工的机会，打听公司里谁需要找钟点工，谁需要租房子，然后就当起了中介，收取中介费。张阿姨还自己买了一套房子，并以一万的月租把这套房子租给了隔壁公司的一个高级白领。

张阿姨利用清洁工这个平台延伸出的另一项业务就是卖保险，公司里面有不少员工都已经跟张阿姨买了几万元的保险。

清洁工这个看似卑微的职位能够为她带来非常丰富的资源。她能够非常敏锐地发现利润来源、寻找适当的客户、选择合理的沟通方法以及适时地转变经营项目。她这种利用现有优势做好每一件手头工作的智慧值得我们每一个人学习。请记住：任何职位都是有价值和前途的，就看你怎么发挥了。

那么，我们怎么能够像张阿姨一样，把一份看似卑微的、不起眼的工作做大呢？也许我们可以从以下几个方面来做：

1. 摸清底细

首先要有全局意识，站在客户的角度看公司，因为只有局外人的观点才能更客观。你应该尽可能地了解公司的信息，包括它的产品、规模、收入、声名、形象等，还需要看他在整个行业中的位置，以及它可能出现的发展瓶颈，目前管理缺陷等。简单来讲，就是以领导的眼光去观察，用领导的思维去思考。

2. 了解领导

了解领导，不是了解他是一个品格高尚的人抑或是你眼中的卑鄙小人。而是了解他有什么样的思想和什么样的做事方式。因为只有了解他才能跟上他的步伐，跟上整个团队的进步，你才能工作得游刃有余，而不是力不从心。

3. 不做猪一样的队友

其实没有人不愿意努力工作，如果他感觉工作起来非常具有成就感的话。遭同事嫌弃，不被领导看重，这是很多人感到前途渺茫的真正原因。而这种人多半在有能力的同事眼里，被形容为猪一样的队友。所以沟通协作，把你的工作链维护好，你在这个单位才能站稳固。

4. 要做神一样的敌人

提高自己的能力才是最重要的，不做猪一样的队友，用你的责任心征服同事，用你的能力征服领导。人都是遇强则强，当强大的竞争对手在你面前瑟瑟发抖的时候，相信领导下一刻就会想该给你涨多少工资了。

抱怨是没有任何价值的，不仅没有价值还成为你工作的绊脚石，浪费时间去抱怨，不如争取时间去工作。浪费时间想跳槽，不如争取时间把当下这份工作做好。

"为什么要坐在这里？""为什么还不去找另外一份有可能更好的工作？当这样的问题不断出现在你的脑海里，相信你已经没有什么工作热情了。其实试着想想即使是一个你深爱的情人，时间长了还是会有倦怠的时候，这时候你会选择弃她而去吗？转变思维，寻找契机把工作当成你的事业去做，如果还是想不通，把工作当成你的孩子，去培养他，只有公司或者单位不断壮大，你才能获得最终的成功与卓越。

第十二章

保有一颗感恩的心

世界上存在着太多的磨难，而你恰好就经历了许多，在磨难中，不要强求别人伸出援助之手，别人没有义务为你的困境埋单。不过，要懂得感恩，感激关心你的朋友、患难中的知己甚至是伤害你的对手。别人的指责声是对你最大的"赞美"，接受指责，你会变得更美。

平衡心态，没人欠你的

那些热衷于抱怨的人，往往有着一种不平衡的心态，总觉得自己受了委屈，总觉得自己吃亏，好像身边的人都故意跟自己过不去，甚至觉得上天对自己都不公平。这种心态在爱抱怨的人中非常普遍，而且有一定代表性，他们的问题在于心态的失衡，没有人有义务帮助你，没有人有义务听你诉苦；别人帮你，你要懂得感激，别人不帮你，也是人家的本分。这个世界上没有人天生欠你的，所以我们也要收起自己的不平衡心态，用端正的态度去面对生活，面对身边的人。

前些时候在网络上看到一段很有意思的话：甲不喜欢吃鸡蛋，每次发了鸡蛋都给乙吃。刚开始乙很感谢，久而久之便习惯了。习惯了，便理所当然了。于是，直到有一天，甲将鸡蛋给了丙，乙就不爽了。他忘记了这个鸡蛋本来就是甲的，甲想给谁都可以。为此，他们大吵一架，从此绝交。

这个小故事很有意思，虽然简单，却映射了人与人之间一个很普遍的现象：不懂得感激。我们不妨想一想，真正像甲那样，丝毫不计回报把鸡蛋给我们吃的人，除了我们的父母至亲，还会有别的人吗？没有，再要好的朋友、同事，也不可能做到这样，所以，我们一定要明白，这个世界没有人欠你的，除了父母至亲，没有人会不计回报地去帮助你，所以，我们首先要懂得感激自己的父母，这也是做人最基本的原则。其次就是，要明白这个世界上没有任何一个人有帮助我们的义务，如果我们遇到困难向别人求助，别人帮了，我们要记得这份人情，如果别人拒绝了，我们也不能因此而抱怨甚至是记恨别人，因为不帮也是人家的本分。

曾经听朋友讲过这样一件事：有一对白领小夫妻计划买房，经过多日奔波看房，筛选取舍，终于选中了一套位置和布局都相

当理想的房子，但是他们的积蓄不够付首付，两个家庭也无余力相帮。商量来商量去，只有男人的一个大学同学这几年自主创业，听说公司规模已经发展得相当大。于是，两人决定由男人去找同学借钱。

男人充满希望地找到了这个当年关系很不错的同学，说出了想借五万元的来意。同学很为难，说："最近公司的资金周转上出了点问题，一时确实筹不出现钱来！你第一次来找我借钱，我却帮不上你，实在不好意思！"男人苦苦恳求："老同学，你这么大一个老板，三五万块对于你还不是小菜一碟？看在当年的情谊上，你无论如何也要帮我一把呀！"同学苦笑着，表示真的爱莫能助。男人悻悻离去。回到家和妻子一说，妻子便大骂该同学不仗义，家产千百万却不肯施以援手，这样的同学太不够意思！于是，男人气愤地打了一个电话，把这位同学狠狠地损了一顿，宣布绝交。随后，他又到处传播这个同学的坏话，说他如何小人得志、如何吝啬成性、如何冷酷无情、如何面目可憎等。小夫妻为此事一直耿耿于怀，无论何时提起都会臭骂一通。

其实，找人帮忙被拒绝的情形想必大多数人在生活和工作中都曾遇到，然而遭遇拒绝之后如何去面对，不同的人却有着不同的理解和做法。生活中的你、我、他，在遇到这种情况的时候，是不是也像上述的小夫妻一样，没有达到目的便心存怨恨，散布损害他人形象的流言蜚语呢？这样做显然有失公允。平心而论，在这种情况下，责备他人毫无道理。命运是自己的，有人借钱给你、有人帮你办事是你的幸运，但不借钱、不办事也是天经地义，因为别人从来就没有欠过你什么。试想，他人在奋斗的过程中，遇到困难和挫折的时候，你可曾提供过丝毫的帮助？他人的财富和地位都是自己历经无数艰辛和磨难干出来的，这跟你毫无关系，所以，谁也没有理由去要求他人无条件地帮助自己。

对于别人的帮助，正确的心态应该是：不一定相互帮助才算好朋友，和朋友保持一种见面微笑，偶尔聚会，但尽量避免利益关系，没有金钱来往的关系更好，少了好多烦恼。人要靠自己，亲戚朋友谁也不欠你的，更没有义务帮你，我们不能怨恨对你冷漠的亲朋好友，因为这也是人家的本分。当然，如果别人给了我们帮助，那么一定要记在心里，别人施恩虽然不图报，但我们一定要有一颗知恩图报的心。

所以，在这个世界上，无论何人，求人帮忙不成之时，千万不要责怪对方，因为对方从来没有欠过你什么，这个世界上谁也不欠你，谁对你也没有义务。所以，有些东西，得到了是惊喜，得不到也要坦然。因为别人不帮助自己而抱怨人家，记恨人家，是心智不成熟的表现。帮我们的我们念着人家的好，不帮我们的我们依然要像以往一样待人，这才是有智慧有度量的为人处世之道，如果能够达到这个境界，想必愿意帮助我们的人也会越来越多。

成功的时候，别忘了批评你的人

我们每个人在生活中都会遇到一些对自己挑剔的人，这个人或许是朋友，也可能是对手。他的话说出来总是让你有点别扭，似乎根本看不到你的优点与付出，却能轻而易举地指出你的不足，让你心生懊恼。对于这些人，你的态度会是怎样呢？愤怒、不屑，还是反驳？请不要这样做，因为能够指出你错误的人恰恰最应该感谢，因为他给你提供了一次可以改掉缺点、完善自我的宝贵机会。如果我们能做到感激挑剔自己的人，也许收益还不止如此。

日常生活工作中，我们每一个人都应该感谢那些挑剔自己、给自己压力的人，因为正是这些压力使自己有了奋发向上、积极求变的动力。如今的社会永远充满利益的斗争、欲望的角逐，这也是职场永恒不变的旋律，每一个人都要学会的是如何在荆棘遍布的社会和职场中寻求到适合自己发展的康庄大道，并以坦然、淡定的心态去面对一切的苛严及挑剔。

我们要相信，那些挑剔我们的人，他的出发点是希望你能更好。就算你真的可以确定他是不怀好意故意打击你，也要明白，有一个这样的人在你身边，你就是能够越来越好。因为，他为了更有力地打击你，会不遗余力地寻找你的不足，而往往他找到的恰恰是你自己忽略的，或者是朋友碍于面子不好意思提醒你的。这样想来，是不是真的对自己有帮助呢？如果发现了不足和缺点，积极地虚心接受和改正，并不断地完善自己，这将会是你一生中宝贵的财富，其价值远远超过了对方批评你时直接的说话方式，或者说伤害到你的感受或自尊的程度。那么你与对方也会解除矛盾，化干戈为玉帛。

如果想让自己不断进步，变得更加地强大和优秀，不是让自己封闭在自我感觉良好的温室里，也不是让自己一帆风顺地走过每个路程，而是让自己在挫折中、不利的局面中反省自己，认识自己，壮大自己。而别人的批评、意见，对你来说不就是让你反省的最好途径吗？不用交学费，只是转动一下脑筋，让思维拐个弯，那么，那些不足、错误和缺点就会一览无余。

日本的"销售大王"原一平认为："人一旦来到这个世界，就得对自己负责，每天努力地修行。如何使今天的我比昨天的我更进步，更充实，这是自己人生的责任中最重要的。"为此，他曾连续举办6年（一年12次，一共72次）的"原一平批评会"，以征求同事、家人和朋友们对于自己的批评和意见。每一次批评会开下来，他都会大汗淋漓地经历一次灵魂的蜕变。这种蚕蜕般的生命净化与成长是痛苦的，也是快速有效的。

后来，原一平发现单凭每月的批评会已经无法满足自己对于了解和改造自我的需要，他渴望更挑剔、更深入、更广泛的批评。

有一天，原一平灵机一动，决定花钱请征信所的人调查自己的缺点。他请了几个朋友和客户帮忙，借用他们的名义，雇用征信所的人来调查原一平。征信所的调查资料中，有挑剔，有赞美。原一平要的是如何改进，只有挑剔和批评才会督促他更上一层楼。

就是在这种严酷的自我要求和改造的进程中，原一平"每天进步一点点"，不断地丰满自己的人格、能力和智慧。慢慢地，挑剔和批评他的意见已渐渐减少，最后几乎都没有了。当然，原来一无所有的穷小子原一平，也成了亿万富豪，成为世人尊敬的成功榜样和幸福楷模。

其实，我们真正的敌人不是那些直接对你进行批评和攻击的人，而是那些看到你的错误和不足不但不直言不讳地指出，而且熟视无睹、不言不语的人，这才是可恶至极，阴险至极。但遗憾的是我们往往却把这类人当作真正的朋友，认为是所谓的"志同道合"。

如果我们觉得身边那些挑剔的人让我们抓狂，那不妨让自己换一种角度，换一种思维方式，你会意识到是他让你从迷途中醒悟，是他让你重新认识自我，审视自我；是他让你认真改正了自己的错误，完善了自己，强大自己，让自己变得更优秀，自我价值更高。那么你的对手不仅会无话可说，你的朋友也会对你刮目相看，你的人际关系也会其乐融融，因为你更加优秀，更加强大了。所以，感谢你的所谓的"敌人""对手"，感谢批评你的人，跟他们做朋友吧。

人们都喜欢赞美，喜欢听表扬的、好的话。但俗话说：良药苦口利于病，忠言逆耳利于行。真正关心、为你好的人，是在你最危难的时刻、最需要帮助的时刻伸出援助之手；在你最忘乎所以的时刻、在你最春风得意的时刻给你提出批评和警告。所谓生命与共、患难之交，就是这样。

我们要学会感谢批评和指出我们缺点和不足的人，是他们让我们学会坚强、学会不断修正自己、不断完善和充实自己；他们无情地批评与指责，让我们成长进步更快；锻造我们的度量、我们的胸怀。那些对我们苛求又挑剔的人，无论是敌人还是朋友，都不要嫉恨，是他们让我们看到自己的不足。一个人只有听了批评和否定才会去审视自己，重新看待自己、评估自己，也只有这样，才能让自我更加完善。

别人帮助你，要懂得感恩

当我们遇到困难的时候，最希望得到的就是别人的帮助。心态好的人，得到别人的帮助之后，懂得感恩，懂得回报，而还有些人面对帮助没有一个正确的心态，总觉得别人帮自己是理所当然。无论在生活中还是在职场中，总会有这样的人存在，这样的人不懂得感恩，得到别人的帮助之后常常觉得是理所应当的，要是遇到不提供帮助的，他反而愤愤不平觉得自己受了委屈和冷落。这种心态会导致愿意帮助他的人越来越少，而且也会给自己徒增烦恼，是不利于自身成长和发展的。

前不久，小王跟几个老同学聚会了一次。在聚会上免不了谈及工作的事情。一位同学苦着脸说：自己最近很痛苦，遇到了瓶颈，找不到好方法去解决工作中的问题。感觉没有了动力，工作效率也随之下降了。大家问："有没有找同事帮助？"她说："没有，之前主管总会经常问我你最近工作中有没有遇到什么困难，但是最近她从来没有问过我。"话语之中透出几分埋怨。

其实这里包含一个很简单的道理，那就是：没有人有义务主动帮助你！你的主管有她的工作，但是她的工作里不包含对你的主动帮助，你有了困难的时候首先要自己想一想自己有没有能力去解决它，而不是很茫然地求助于他人，每个人的工作都是自己的事情，别人没有义务帮你去做你的事情，否则你的工资也要和帮助你的人平分吗？如果你不愿和他人平分那么就不用再抱怨了，挣自己的钱最起码要做好自己的事，这应该是你最基本的认识。没有人有义务帮你，你也没有权利要求别人必须帮你。

生活中，在我们刚开始步入社会时，身边的朋友和同事会是领路人的角色，他们会帮你适应现有的生活和工作，让你尽快地融入自己的生活中去。但是这些都只是短时间的，就像你学习走路一样，不会的时候需要别人协助，那么当你能稳稳当当走路的时候还需要每天都有人在你前面领路吗？相信即使那时有人帮助你也会感到厌倦了。职场也是这样，你自己的事情你必须想办法去解决，如果你连自己的问题都解决不了，还如何去帮助别人？

在现今竞争压力如此大的时代，每个人都必须掌握自己的生存和发展技能。能够在激烈竞争的职场生活中争到自己的一席之地，并与同事友好相处已经是很不容易的事情了，还去奢求他人对你无私地帮助吗？只要相信自己的每一份付出都会得到公正的待遇，那么还有什么可顾虑的，勇于尝试和冒险，这才是年轻人应该做的。

有一则故事，是说有个年轻人，因为一点小事跟父母翻脸，毅然离家出走。后来，饥寒交加时，得到了他人施予的一碗面，年轻人对着施予食物的人痛哭流涕，说对方是他的恩人。恩人沉吟片刻，对年轻人说：你的父母天天如此对你，比我对你要好百倍千倍，你不仅看不见，反而厌恶他们；我们萍水相逢，只是施予你一碗面，你却说我是你的恩人。此恩与彼恩，孰轻孰重。年轻人听罢，对着恩人鞠了一躬，转身回家了。

做人做事，不能忘了根本。当你无休止地向身边的亲人朋友索求他们的爱和关怀时，要反思：你是否也能如他们一样全身心地回报给他们？

帮助这个词，永远都是互相的，只有愿意去付出愿意去帮助别人的人，才能得到别人的帮助。也许当你某天开始孤单的时候，没有人来帮助你的时候，你会开始抱怨，为什么以前的那些人都没有来帮助你，甚至一句安慰的话语都没有！但是你是否曾经想过，在别人孤独的时候，你是否给过别人一丝温暖呢！是不是已经开始忘记了，可能只有在你需要的时候，才开始记得原来你还有那些所谓的"朋友"。这个社会，没有人有义务去帮助你。当你开始忘记的时候，你也将从别人的朋友名单中消失！

而对于职场的每个人而言，我们能够做的就是寻找最适合自己的方法，用最短的时间适应并做好自己的工作，而不是浪费时间和心情去考虑别人为什么会怎么做。否则，或许在你抱怨的那一瞬间已经有同事跑到了你的前面！

俗话说：物以稀为贵。别人的帮助如果太容易得到，我们就会不再觉得它的珍贵。每个人都不妨反思一下，从小到大，给我们帮助最多的是我们的父母，但是我们早已在不知不觉中习惯了这样的帮助，每次都心安理得地接受，而没有感激之情。等步入社会之后，发觉原来别人的帮助是如此珍贵的时候我们才意识到，没有人天生就有帮助你的义务，帮助这件事情从来都没有理所当然，因此，我们要学会感激，感激毫不计较帮助我们的家人，感激生活和工作中为自己提供帮助的朋友同事，懂得了这个道理，我们才能够远离抱怨，并且得到更多人的帮助。

患难之交才是真朋友

"患难之交才是真朋友"，相信这句话大家并不陌生。一个人的一生不可能一帆风顺，难免会碰到困难挫折或面临困境的时候，这时候最需要的就是别人的帮助，往往越是在这种时刻，就越能看出身边那些朋友的远近，那些平日里称兄道弟患难时瞬间失踪的朋友，不值得我们去珍惜，而那些雪中送炭帮助我们的人则会让我们记忆一生。

　　每一个人，无论是在工作中，还是在生活中，都需要几个能够同甘共苦的"知己"级别的贴心朋友，这一点十分重要。知心朋友的作用，不仅仅是在当自己有了困难时，有人会主动出面、及时帮忙，而在于心灵的相互扶持。然而这样的朋友却并不易得。尤其是在职场上，经常打交道的人，相互之间大多都有利益关系，很难走到亲密无间的程度。所以许多人觉得，真正的朋友大多是上学时的同学。正是由于真正的知己难得，一旦拥有，就要像爱护自己的财物一般，时时保养，倍加珍惜。

　　那么，什么样的朋友才能算得上是能够共患难的朋友呢？英国诗人拜伦说："趋炎附势的人，不可与其共患难。"日常生活中有很多人，平时或许也可以算得上是很好的朋友，但在特殊环境或条件下，他为了自己，会毫不犹豫地抢占自己的利益地盘，甚至把朋友推下深渊。类似于此的趋炎附势的人，只能成为泛泛之交，绝对不可能共患难。这种人，在平时工作中，只要留心，打过几次交道后，就会发现。真正的患难之交，越是在你有困难身处险境的时候，越是能看到他们的身影。

　　孙东是一位律师，有一天，他和妻子在街上遇见一位老人。这位老人在卖一袋花生，神色伤悲不已。原来她饱受儿媳的虐待，即使独居一间破屋，也不能摆脱恶妇的打骂。孙东夫妇带她回来，并代她诉讼于法庭。法庭做出了公正的判决，不过她的儿子与儿媳并不打算兑现相应的条款。孙东夫妇又送她一些生活用品，还去帮她修整了一下她破败的草屋。

　　此后几年，孙东夫妇多次搬迁，早已将此事忘记。

　　后来，孙东身患重病。突然有一天，妻子突然对孙东说，老人来看过你了。

　　老人没见到孙东，当时孙东身患重病，并不能接受探视。老人是从几十里开外，冒了严寒步行而来。孙东夫妇已多次搬家，她遍寻不着，却坚持多方打听。她对孙东妻子说："我一听他得了重病，就千方百计想和他见见。"老人还说："我什么都不能带给他，只带了这些年来辛苦攒下的微薄积蓄和一颗为他祈祷的心。"

孙东听说老人来过，尚不知其细节，却已泪如雨下。想想自己为她做的事情，只是举手之劳，且无实质的效应，她却用全副身心来回报，在自己身患重症之时。

在对方最危难的时候能够设身处地地去帮助对方，丝毫不计回报，这正是患难之交的感人之处和珍贵之处。如果我们身边的朋友之中有这样的人，我们一定要学会珍惜，因为那些能够共患难的朋友不是一朝一夕就会得来的，需要长期的培养和发现。《史记·廉颇蔺相如列传》有这样一句话："卒相与欢，为刎颈之交。"讲的是为大家熟知的蔺相如与廉颇将军的故事，蔺相如与廉颇为什么后来能成为生死之交？并不是一见面就好得不得了，而是经历了曲折的交往甚至斗争过程，最后才情感相融、友情交汇，达到心心相印的程度。也就是说，患难之交绝对不是主观的东西，而是在工作或生活过程中，经过不断考验、培养与磨合，形成的一种牢固的情感关系，正因如此，患难之交往往并不容易得到，也越发显得珍贵。

一个人在遭遇人生低谷的时候，也许会众叛亲离，遭到大家的离弃，以前的朋友也变成了陌生人。如果这时候你适时出现，给他以关怀和帮助，温暖了他的心，那么也许他就会对你尤为看重，真心感激你一辈子。所以，对于身边那些心怀善意的朋友，无论对方是什么样的性格，有哪些喜好和特点，请你真诚地对待他，在他困难的时候帮助他，雪中送炭始终是温暖人心的最好的方式，而患难之交更是一个人生命中最宝贵的财富。

只有经历过冷漠，才会珍惜真情

有首歌里曾这样唱道："为什么总是在失去的时候才懂得珍惜。"对于每一个步入社会和职场的人来说，想必都会有这种强烈的感受。走上社会之前，从家庭，到学校，我们无时无刻不在感受着别人的关爱，亲情、友情，这些纯真的感情曾经伴随在我们身边，我们也已经习惯这样的生活，不觉得有什么特别。然而成熟之后，需要面对这个复杂的社会和职场的时候，我们才发现，真情原来如此珍贵。

工作超时、薪水不涨、职场关系紧张、客户刁难……这是职场中最常听到的吐槽。随着社会的高速发展，城市生活节奏不断升温，越来越多的职场人士都表示现在工作压力大，职场冷漠度高，这种职场人与人之间的冷漠现状被称之为"职场冷暴力"，而且呈上升趋势。由于职场竞争压力不断增大，人们每天都处在紧张的生活和工作环境中，面对着人际关系的压力。这在很大程度上影响了同事之间的关系，许多人觉得人情冷漠，缺乏职场幸福感，这种现象已经足以影响到我们的工作积极性。

为什么会出现这样的情况呢？我们不妨留意一下身边的同事，职场中我们常会碰到一些猜疑心很重的人，他们整天疑心重重、无中生有，认为人人都不可信、不可交。喜欢猜疑的特别注意留心外界和别人对自己的态度，别人脱口而出的一句话很可能琢磨半天，这样便不能轻松自然地与人交往，久而久之不仅自己心情不好，也影响到人际关系。这种人心有疑惑，不愿公开，也少交心，整天闷闷不乐、郁郁寡欢。由于自我封闭，阻隔了外界信息的输入和人间真情的流露，便由怀疑别人发展到怀疑自己、怀疑自己的能力，失去信心，不再信任同事。正是这样的信任缺失，导致了职场冷漠现象，缺乏信任，使得我们曾经在学生时代的那种相互之间的信任和真情一去不复返，只能去怀念了。

那么，我们应该如何去改善这个冷漠的职场环境呢？没有人愿意在一个充满冷漠的环境里工作生活，一个企业里，冷漠的氛围不仅会对员工产生影响，也会对企业产生重大影响，员工会因工作压力而无法按要求履行职责，需要更多的病休假，从而导致工作效率下降。无论是从员工还是从企业的角度出发，都应该在加强人文关怀、增进员工关系方面做出必要的行动。生活中也是如此，遭遇冷漠的我们不能只想着去抱怨，要思考自身的原因，并且找出消除冷漠的办法。我们不妨看一个二战时候的小故事：

20世纪30年代的德国，有一位犹太传教士每天早晨，总是按时到一条乡间土路上散步。无论见到任何人，总是热情地打一声招呼："早安。"在当时，当地的居民对传教士和犹太人的态度是很冷漠的。有一个叫米勒的年轻农民，对传教士这声问候，起初的反映也十分冷漠。然而，每天早上，传教士仍然给这个一脸冷漠的年轻人道一声早安。

终于有一天，这个年轻人脱下帽子，也向传教士微笑着道一声："早安。"

又过了几年，纳粹党上台执政。这一天，传教士与村中所有的人，被纳粹党集中起来，送往集中营。在下火车、列队前行的时候，有一个手拿指挥棒的指挥官，在前面挥动着棒子，叫道："左，右。"被指向左边的是死路一条，被指向右边的则还有生还的机会。

指挥官很快点到了传教士的名字，他浑身颤抖，走上前去。当他无望地抬起头来，眼睛一下子和指挥官的眼睛相遇了。传教士习惯地脱口而出："早安，米勒先生。"

原来指挥官正是曾经每天早上遇到的那个年轻人，米勒虽然没有过多的表情变化，但仍禁不住还了一句问候："早安。"声音低得只有他们两人才能听到。

最后的结果是：传教士被指向了右边——他意外地获得了生

存的机会。

　　我们在痛恨法西斯灭绝人性的同时，也不能不想到，正是传教士不计回报的真情付出救了自己的命。如果当初面对年轻人的冷漠，他选择了放弃，也许他会被后来的指挥官毫不犹豫地指向死亡的一边。这个小故事告诉我们，消除冷漠的最好方法，就是不计回报地真情付出。那么，在我们的工作和生活中，我们如何才能做到这一点呢？

　　首先要试着让自己快乐生活，快乐工作，这是一个最基本的心态。没有人会为你的快乐负责，出来做事，自然要有心理准备，被踩被欺全看作一场经历，若整日为小事狷介，耿耿于怀，怎会开心？其次一定要努力工作，工作毕竟不同于娱乐，不是去参加宴会，你的目的不在于与某某交往密切，把重心放在工作上，你自然会获得尊重，别人冷漠，又有何干？想开心，自可找一班朋友吃喝玩乐去。第三点也是很重要的一点，就是要以诚待人，不要吝啬自己的真情付出，倘若你处处提防他人，又怎么能够获得对方的心门钥匙，别把利益看得太过重要，职场生涯本已够辛苦，何必又自加重量呢？最后一点就是要避免完美主义的想法，要接受这个世界的不完美，生活和职场都是如此，接受了这一点，我们就不会计较太多，真情付出是不计回报的，虽然难免会遭遇冷漠，但是不要让它影响到我们的真诚，做到了这一点，我们才能收获真情的回报。

　　在生活和职场人际关系中，人与人之间是无话不谈的朋友，还是点头之交，或者正面临"陌生人职场"的危机？人与人的关系是一把双刃剑，我们应该充分协调好朋友和同事之间的人际关系，这样不仅扩展了社交范围，同时也有益于个人的职业生涯发展。要学会毫不计较地真情付出，及时调整不良心理状态，在同事之间，无论是工作还是生活方面，彼此之间都应该多多发扬互帮互助精神，加深同事之间的情感交流，避免陷入冷漠对冷漠的恶性循环。遭遇冷漠才知真情可贵，但是也只有真情才能够最终消除冷漠。

以德报怨，幸福的门为你打开

工作和生活之中，有些人曾帮助过我们，有些人伤害过我们，我们该如何去对待他们？以德报德，是没有疑义的。别人帮助了我们，我们自然要回报人家，这是做人最起码的准则。而对于怨呢？那些曾经为我们制造过麻烦和伤痕的人呢？我们应该如何去对待？生活中有中伤我们的小人，职场中有不择手段竞争的对手和同事，如何去对待他们，也是每一个人的人生中所必须面对的问题，只有解决了这个问题，我们的人生才能海阔天空。

当今社会，生活节奏快，竞争激烈，我们常常是一不小心就跟别人结了怨。那么，我们应该如何去处理这个问题呢？一种方式是"以牙还牙，以眼还眼"。别人伤害了我，我要同等报复他，这未免显得睚眦必报、心胸狭窄，显得我们和那些人一样低劣了。另一种态度是"敬而远之"。麻烦谁都不愿惹，惹不起我还躲不起吗？遇到问题就低调处理，能绕道则绕道，恨不得老死不相往来。这两种选择分析起来其实都不那么明智，因为不会给自己带来任何的帮助和提升，可以说都是消极的对待方式，并不值得去提倡。

这个问题在当今职场尤其突出，很多人都因为处理不好这个问题而走弯路。例如商业竞争中，对手之间常常因为竞争而结怨，如果你经常有把事业上的竞争对手当成"仇人""冤家"的想法，想尽一切办法去搞垮对方的话，那么你就很有必要检讨一下了，作为老板，他绝对不希望自己的手下互相倾轧，老板希望每一个员工都能发挥自己的长处，为自己带来更多的效益，而互相排斥只会增加内耗，使自己的企业受损，周围的同事也同样讨厌那些喜欢搬弄是非、使阴招、发暗箭的人，因为每个人都希望有一个和谐宽松的工作环境，并与自己志趣相投的人共事。

此外，同行或者竞争对手之间结怨，也会给我们带来烦恼，不过对于这个问题古人就已经做过一个很好的阐述：和气生财。古人讲究和气生财，其实是在提倡一种宽容的为人处世之道。不仅在商业中，在方方面面，和气的性格都是成功的要素。两个商家卖同样的东西，一家拉长着脸，不给人好脸色，一家满脸和气，显然后者的生意做得好得多。这样看来，买一份货，外搭一份和气，要远比买一份货，还得搭一张长脸合算得多。可见，和气也是有含金量的，是有增值的，和气也是商品。和气待人，宽容待人，同样是一种境界。当我们和气宽仁地对待所有人时，就相当完整地和气宽容地对待整个世界了，我们的身心也就愉悦了，心胸也就开阔了。

春秋战国时期鲍叔牙向齐桓公推荐管仲代替自己做宰相。而桓公说："管仲他在以前曾射我一箭，存心要置我于死地，幸亏我佯装中箭倒下才幸免于难。这支箭我还保留着，像这样的人吃他的肉都不会满足，难道还能够用他为相吗？"鲍叔牙说："为人臣下的人，都是各为其主的。今天您若重用他，他将一心一意为您谋天下，岂能以一个人的仇恨而拒用一个天才呢？"鲍叔牙一而再，再而三，终于说服齐桓公拜管仲为相。管仲对齐国的政治、军事、经济、官制进行了一番改革，使齐桓公成为春秋第一位霸主。

这个故事虽然古老，但是蕴含的道理却能古为今用。故事中提倡的是一种宽容的处世态度，它可以让我们摆脱仇恨怨气带来的困扰，可以让我们走向强大。如果你原本待人不和气、不宽容，那不要紧，不需要强扭硬拽，从现在开始改变，你会在每一次对别人的和气宽容中体会心态的放松和开阔。于是，一个良性循环就渐渐改变了你，也就改善了你原本的生活。

俗话说："人无完人"。我们大多数人都会具有武断、固执、嫉妒、猜忌、恐惧和傲慢等缺点，因此谁都避免不了犯错。面对因为种种原因与我们结下怨气的人，作为处世的一方，如果一味地去进行抱怨和指责，那么不但不会解决问题的根本，反而会使这些人性的弱点暴露无遗，去促成一种更为可悲的后果。这是由人性的本质所决定的，当我们因为种种原因与别人产生怨恨的时候，如果能够保持一种良好的心态，以理解和宽容去品察对方，并委婉地让对方意识到自己的错误，这才是一种充满智慧的交际手段。因此，无论是生活还是职场，与人为善才能与己为善，当你以宽仁之心礼待于人的时候，也必然会得到他人的理解和尊敬，从而去促成自己更为和谐、友善的交际圈，并尽情地去展现自己的人格魅力。

在风云变幻的现代生活中，我们都有可能会因为种种原因而产生这样或那样的"敌手"，但是在我看来，最大的"敌手"莫过于你自己，因为，只有你自己，才是改变这一切的原动力；只有你自己，才是变幻这一切的魔术师。因此，希望每一个人都能运用好自己的交际方式，在产生冲突怨气的时候不要一味去寻求报复，而要学会以德报怨，让理性去绽放出和谐的友谊，让智慧去绽放出绚丽的光环。

感谢你的对手，让你更强大

在我们每个人一生成长过程中，不仅少不了亲人的抚育呵护，老师的教诲，和朋友们的帮助，更少不了困难、挫折和伤害，如同参天大树只有经历大自然风吹日晒，雹打霜欺，才能强壮身躯，具备适应环境的能力那样，每个人都要通过挫折和伤害去锻炼养成自己生存发展的能力。从这个意义上讲，受到别人的伤害，是对自己品质意志的一种锤炼，是对自己才智能力的一种逆境培养，可以使自己坚强成熟起来。而那些给自己带来伤害的人，从某种意义上来说也应该感谢他们，因为是他们让你变得坚强自信。

有人说过："人总是在受伤中慢慢地长大，总是在受伤中慢慢地成熟，总是在受伤中慢慢地学会善待别人和自己。"我一直认为：一个没有受到伤害的人生是不完整的人生，一个没有受到伤害的人格也是不完善的人格。谁能告诉我他从来没有受到任何伤害？谁能告诉我他永远是在被保护中长大和成熟的？

当今的社会是一个竞争的社会，趋利避害是人的本能。人们往往是从有利于自己的愿望出发投身于社会的，站在有利于自己的立场考虑问题，但是很多时候现实往往不像我们想象得那么美好。太多因素会给我们带来各种各样的伤害。无论是生活中，还是职场上，各种利益的冲突都会让我们伤痕累累。但是我们不妨换另外一个角度去看待伤害，看待那些伤害我们的人。受伤了的人，学会了保护自我，学会了珍惜生活，学会了善待，也学会了尊重。受伤后的他们就会为了不使自己受到同样的伤害而学会了如何保护自己，同时也为了不使自己在无意间以同样的方式去伤害别人而更加的用心；受伤后的他们，知道什么对他们来说是重要的而什么又是无所谓的，他能够分辨对错是非，他学会了珍惜，珍惜别人对他的付出和恩赐，珍惜自己和别人的交情和交谊；而职场竞争带来的伤害又让我们更加彻底地了解这个世界，了解人情世故，这些毫无疑问都是成长和成熟的过程。

小王在老家县城的街上开了一家小吃店，他最看中的一点就是，在这条街上，只有他一家小吃店，这为他的生存奠定了基础，风险也减小了许多，比如竞争、排挤。然而，两个月前，街角的童装店突然关门了，紧接着开始转租、装修，开起了一家小吃店，但是新装修的店面更卫生、漂亮。

小王他所担心的危机来了，站在马路上，他不时地遥望对方，人家的食客满堂，而自己的店里冷冷清清。连续两个月都是在亏本经营，这让小王的心态极不平衡，心烦的时候，甚至他都想找人去砸对方的店，教训一下人家，不要来抢他的买卖。可最终，他还是控制了自己，因为那样的结果只能是两败俱伤。

为此小王也想了很多，最终他想通了，和气才能生财。他开始静下心来分析彼此的优势：对方的店地理位置好，条件也好，这已是既定事实；而自己的优势在于，有一批老顾客，并且积累了一定的经验。所以，要想取长补短，就必须进行改革，打铁还要自身硬啊！于是他把店内的布局进行了调整，更换了物品，这样也令人耳目一新了。他新招聘了一位厨师，带来了新的菜谱，饭店又增色不少。最关键的是，他开始经营早餐了。每天刚一放亮，员工齐上阵，油条、面包、豆浆等，早点的花样繁多、实惠，又带来了新的客源。

每天早晨，这条街上他的店生意兴隆，为上班的人们提供了便利，中午和晚上，对方店里的客人很多，而他的店也不含糊，回头客越来越多，还呈上升趋势，真是"酒香不怕巷子深"。一个月下来，盈利竟是以前的三倍。他开始感激对手了，正是他的出现，才刺激了他疲惫的神经，从而激发他的勤奋，创造了新的辉煌。所以，从一定意义上讲，对手给自己带来的伤害有时就是催化剂，它能引发彼此之间的相互竞争，挖掘潜能，并且取得更大的成绩。

其实任何对手给我们带来的伤害都会给我们带来成长。喜欢下棋的人都喜欢找高手过招，即便被虐得体无完肤也乐此不疲，却不愿意陪臭棋篓子干耗时间。其实在下棋人的眼中也好，在平常人的眼中也罢，能够把自己打败让自己感觉到疼的那些人，不仅能够丰富我们的见识，磨炼我们的意志，而且能让自己在不知不觉与潜移默化之中得到精神的洗礼，受到人格的熏陶。

　　所以我们要感谢那些伤害我们的人，在人生道路上，他们其实是我们的老师，是我们的镜子，真正地让我们感觉到疼的人会激起我们拼尽全力才去超越的动力，正是这些人的存在，才使得我们的人生见识到了天外有天，才使得我们的头脑由妄自尊大，变得深刻冷静，才使得我们自己不停地向前方奔跑，并且最终抵达美好的未来。

　　人生的漫漫旅途中，能够给我们带来伤害的人有很多，或者是同行者，或者是挑战者，他们或是有形的，抑或许是无形的，有实际存在的，也有精神上的。是他们将你的人生装扮，是他们将你的心灵改变，是他们将你的微笑展露，也是他们将你的泪痕擦干。有人说："没有岩石的拦阻，哪能激起美丽的浪花"，每个成功者背后都有着无数汗水和伤痛，每一个强者都会感谢那些给自己带来伤害的人，正是他们让自己更加清醒，更加坚定，更加自信。